お客様になっていく若者たち

Z世代化する社会

舟津昌平

東洋経済新報社

はじめに――Z世代を語る意味

「若者」のこと、どう思いますか？

実はこの問いは、答えようとするあなたに対して、ある判断を未然に求めている。つまり答えようとするそのとき、「答えるあなた自身は若者なの？　そうでないの？」という問いを、言外に突きつけられるはずなのだ。

実際に若者である人は、たいてい自分が若者だとか自覚して生きてはいないから、改めて「若者って何？」と聞かれると面食らってしまう。対して若者ではない人ほど、妙に熱心に（ときに偏見に満ちた）分析や考察を行っていたりもする。

若さというのは、考えてみるとなかなか不思議な概念である。人それぞれだとか言いがちなイマドキの個人主義的多様性社会においても、すべての人間は現在若いか、過去に若かったことがある。修学旅行とか人気マンガとか恋愛ドラマとかいった、かなり万人ウケする普遍的なモノでも、知らない人や経験のない人もいる。ところが若さについては、一切の例外なく万人にとって身近で普遍的なテーマなのである。

さて本書は、大学の教員である筆者（ゆとり世代）が、Z世代と呼ばれる年代の若者について書いた本である。自己紹介をしておくと、筆者は経営学者であり、企業組織の経営とかビジネスについての研究をしながら、主に授業を通じて日々若者とふれあっている。つまり本書で出てくる若者は、概ね大学生をイメージしている。

若者と接するのは、楽しさもあるけど正直けっこうシンドイ。精神を削られる出来事も少なくはない。ほとんどの若者は大学の授業に前向きに取り組めてはいないということを加味しても、同じ人間同士のコミュニケーションとは思えない、と感じることも多々ある。異世代間コミュニケーションは、本当に難しい。

若者は単純に経験に乏しく、無知ゆえに無礼を働くことがある。それは仕方ない。ただそれを差し引いても、なんでそうなんねん、どういうことやねん、と叫びたくなるようなアレコレが、若者と接する場面では多々起きる。Z世代なんて呼称も、どこか未知のエイリアンが来襲したような否定的なニュアンスをにおわせる。

でもそれは若者が悪いということではなくて、学校や大学の在り方、就活や会社をはじめビジネスの在り方、社会の在り方、がおおいに影響した結果である、というのが筆者の意見である。にしても、若者はいかにも理解し難く、不思議な言動をとることがある。なんでこんなに若者はヤバいのか、ほぼ若者でなくなった立場からそれを追究したいというのが、筆者の偽らざる執筆動機である。

否定的なことは述べたものの、それでも若者と接し対話することには、得難い価値があると筆者は確信している。若者「ではない」人の多くは、じっくり若者と話す機会がない。親御さんでさえ（だからこそ）そうだろう。その点で大学教員というのは、いろんな場面で若者と話す機会を得ることができ（授業は最高の場だ）、一般的に気付きづらいようなことを見つけやすい、特権的な立場にあると感じている。

若者はいつも新鮮で、そして新しくありながらも、どこかわれわれと地続きでもある。同じ社会に生きるのだから、当たり前かもしれない。

筆者の立場を繰り返し表明しておくと、そろそろ若者と言い難くもなった年齢で（30代半ば。もっとも、コミュニティによっては十分な若者である、はず……）、大学教員という立場から若者と接しており、経営学という分野における組織やビジネスといった角度から、若者について語っていく。

本書の結論を、たとえ話を用いて述べれば、次のようになる。このたとえ話は、後半にも何度か登場させる。「たとえ」だとしても、病気という表現を用いるのは不適切かもしれない。ただ、われわれの社会が抱える「病理」を考えたいという思いも率直に含ませている。

「ある村で、若者だけに感染する病が発見された。若者が次々と病気にかかっていく。それを見て、お偉いさんや親族は『これだから若者は』『若者の生活がたるんでいるのでは』『昔はこんなことなかった』などと若者を責め、病の原因を若者の資質に求める。ところが、この病気は『若者であるほど早く感染する』というだけで、実はすべての年齢層に感染するものだった。かくして、村は老若男女、この病気に侵されていくのだった」

ヤバい若者、理解し難い若者について深く究明するたびに思うことがある。良質な答え、より深みのある答えに行き着いたと思うほどに、思う。そうか、若者はこういう理由で、あんなヘンなことをするんだな！　と気付いたとき、じゃあ自分はそういう理由と無関係だろうか、自分はそういうことはしないのだろうか、という疑問が同時に浮かぶのだ。

「深淵を覗くとき〜」というニーチェの有名なフレーズを借りるまでもなく、若者を若者たらしめるもの——ざっくりいえば「社会構造」——は、われわれにも同じように影響している、ということに気付くたびに、筆者はいつもゾッとする（読者の皆様も、読み進める中でたまにゾッとしてみてほしい）。ミイラになる可能性を常に背負ってでしか、ミイラ取りは成立しないのだ。

理解を容易にするために、繰り返し本書のスタンスを説明しておこう。**Z世代と呼ばれる若者たちを観察することで、われわれが生きる社会の在り方と変化を展望しよう**というのが、本書のねらいである。

世に若者論はあふれている。優れているものも、たいして優れていないものも数多ある中で、本書の独自性は2つある。まず、企業やビジネスといった視点が中心であること。若者論の少なからずは、学校や受験などの教育がテーマであったり、「キレる若者」や「トー横キッズ」のような社会現象を主題にしている。本書のようにビジネスの存在を前面に出した若者論は稀少であろう。

そして、若者を「他人」にしないこと、である。優れていない若者論は往々にして、若者そのものを観察したり対話したりすることを怠って、イメージだけで若者を語る。筆者は、(ときに嫌がられながらも)Z世代そのものと丁寧に対話し、聞き取ることを心掛けた。丹念に話を聞けばその人のことがわかるわけでもない。大学生にとっちゃ筆者は「他人」で、エイリアンに近い。わかりあえるわけもない。それでも聞かないよりはマシである。

しかし不思議なことに、コミュニケーションを重ねると、なんとなくわかってくる気もしてくる。本書は「われわれ」という主語を多用する。主語や目的語としてヘンじゃない?

誰を指した「われわれ」なの？　と思われるかもしれない。あえて「われわれ」と述べる意図は、若者と（筆者を含む）若者でない人とは、ゆうても地続きであって、いろんなものを共有していて、同じ穴のムジナなのだ、というメッセージが込められている。

その点で、本書が想定する読者は幅広い。狭い範囲では、若者とのコミュニケーションに悩む人々、イマドキの若者に興味がある方に向けている。ただ、若者自身が読んでもおもしろいように腐心した。若さとはきわめて普遍的な性質で、若者を見ればわれわれの生きる「今」の、社会の構造が見えてくる。そうだとすれば、本書は読者が誰かに限定されることのない、万人に開かれたものであるはずだ。

本書は、次のような構成になっている。

第1章では、現代の若者に絶大な影響を与える「ＳＮＳ」と「学校（大学）」について考える。一見して無関係な2つは、「コミュニケーション」という概念を通じて深く関係しあっており、若者にとっては「住処」に等しいものである。

第2章では、そのＳＮＳや学校の隠れた礎石であり、ときに隠れずにそれらを支配する「ビジネス」について深掘りする。現代は不可避的にビジネス化しており、同時にビジネスはたくさんの恩恵ももたらす、なくてはならないものだ。ただ、特に若者をターゲットにしたビジネスはときに「不安」を利用して、顧客をロックオンしてしまう。若者は現代のビジネスにおけるメインターゲットなのだ。

第3章・第4章は「就活」の話になる。若者目線だと時系列順だ。学校とSNS、その背後にあるビジネスにまみれた学生たちが就活やインターンの「沼」に、いかにハマっていくのか。「唯言」と「成長」をキーワードにして、読み解いていく。

第5章は、就活を無事終えた新入社員の話だ。就活に人生を懸けても、入社すれば安泰というわけではない。不満は消えても不安は消えない、職場の不思議について考えてみる。きわめて短いサイクルで焦らされている若者を、上司からの目線も含めて考察する。

最後の第6章は、以上を総括した結論となる。ただ若者の悪口を述べるのではなく、われわれにとって少しでもマシな未来があるように、将来的な在り方について私見を述べておきたい。

なおいくつかの章末には「Z世代の声」というページを設けている。筆者の問いかけに応じてくれた若者の「生の声」をお届けすることがねらいだ。本書は決して「地球人が想像で宇宙人を論じた本」ではないことの証左として、参考にしていただきたい。

さて、前置きが長くなった。読んでいただいているあなたが若者であろうがなかろうが、何かおもしろいことが書いてある、意味のある本になっていれば幸いである。筆者が見出した「Z世代化する社会」を、読者の皆様にも、ぜひご覧いただきたい。

Z世代化する社会　目次

はじめに――Z世代を語る意味　1

第1章 Z世代の住処――SNS、学校、友達、若者世界のリアリティ　21

まったく、近頃の若者は！　23
若者らしさってなんだろう　28
SNSとZ世代――つながりにつながれる若者たち　30
監視の安寧　31
本物はどこにある？　34
ラインは重い　35
自己満アカウントです　39

ツッコミ不在の謙遜　41
トモダチ監視の檻　43
複雑化する友活　44
大学とZ世代——お客様化するZ世代　46
大学の高校化、高校の大学化　46
大学のテーマパーク化　48
いい子症候群の真意　50
先生と学生の共犯関係　52
教育という「負担」　54
若者を支配する構造——周りを見張ってちょっと上　56
「平均ちょっと上」志向　57
どうでもよさの中身　58
最大化でなく最適化　60
ふつうの置き所　62
Z世代の声①　BeReal.って何？　実際どうなの？　64

第2章

消費の主役・Z世代

——経営者化する社会

消費の主役・Z世代 67
Z世代中のZ世代 69
半分未満、だけど代表 70
言説の社会構成 71

ビジネス化する社会 73
推し活は幸福感を高める? 74
幸せを運ぶ有料の推し 76
若者を呑み込むビジネス 78
みんなやってるから 79

インフルエンサーとZ世代 80
パーソナルレコメンデーション 81
他者から視えないコンテンツ 83

インフルエンサーとアンチ　85
アンチ－アンチ　87
現実世界のアンチ－アンチ　89

不安ビジネスとZ世代　91

あなた、クサくないですか？　92
友達と違ってたら嫌ですよね　95
不安には根拠がない　97
反実仮想のジレンマ　98
客じゃなくなる試練　100
有料の蜘蛛の糸　102

経営者化する社会　104

パフォーマンスなきコスパ　106
経営者化する人々　108
経営者化するZ世代　110
Z世代の声②　Z世代は消費の主役らしいですが……　114

第3章

唯言が駆動する非倫理的ビジネス

――開かれたネットワークの閉じられたコミュニティ

若者を求めるビジネス 117
ワルいビジネスとZ世代 117
怪しいビジネスとZ世代 120
Z世代はなぜ非倫理的ビジネスに 121
モバイルプランナーと友達商法 122
友達への営業 123
テレビ報道と「友達商法」 125
インターンとガクチカ 126
モバイルプランナーは悪いこと？ 128
モバイルプランナーとZ世代 130
コロナ禍、ガクチカ、インターン 130
コミュ力ないので 132

非倫理ビジネスとの出会い方　134
インターンって、無給でも当たり前じゃないですか　136
学生だけの企業　138
厳しきモバイルプランナー　139
お客さんと出会うお客さん、営業と出会う営業　142
モバイルプランナーの終焉　145
別に悪いことじゃない、かも　147

モバイルプランナーの「解」　149

コミュ力、ガクチカ、インターン　149
唯言論――唯の言葉の猛威と支配　154
あの子、ブサイクだよね　155
言葉しかない就活狂騒　157
絶望的な唯言世界　158
若者、それはオトナの映し鏡　161

開かれたネットワークの閉じられたコミュニティ　162

Z世代の声③「モバイルプランナー」、アリ？ナシ？　164

第4章

劇的な成長神話

――モバイルプランナーのアナザーストーリー

注意喚起しておきます　167
モバイルプランナーは悪いこと？　169
営業の練習をしたいから　171
変わってみたかったりしないかい　172
友達は売れない　174
休学させていただきます　175
成長したいZ世代　177
ビジネスとしてのモバイルプランナー　179
アイツ今何してる？　181
絵に描いたようじゃダメなんだ　183
インスタの使われ方の創造　184
ひたすらスクロール　185

インスタのまとめサイト化　186
Z世代の細やかさ　187
競争と成長の螺旋　189
モバイルプランナーのインフルエンサー化　189
過分な舞台装置　192
正統派（？）モバイルプランナー　193
営業の後ろめたさと致し方なさ　195
今さら引けない　196
2つの若者像――主人公と傍観者　198
誰が止めることができるのだろう　198
モバイルプランナーの善悪　200
ヒトのやることに口出しできない　202
すぐ冷める第三者　203
好きにしたらいいんじゃない　205
どんな顔してなんて言えばいい　206

第5章

消えるブラック、消えない不安
――当たりガチャを求めて

職場とZ世代 211
若者、急増? 212
脱ブラック化する社会 214
不安を感じる若者たち 216
エイジズムとZ世代 217
ハードルが高い 218
飲み会に行ってもいい? 220
エイジズムが生む分断 222
怒られない職場の病理 223
説教かと思いました 224
説教の唯言性 225
怒られない若者たち 227
上司は会社の代理人 229

怒るなんてありえない　230
いい感じに怒ってほしい　233
怒らない残酷さ　234

職場とビジネス化する社会　236

偶然なまでのビジネスの連鎖　236
卑怯な企業の説明原理　239
卑怯な企業と対峙するために　241
社会経験のジレンマ　243
ヨソじゃ通用しないんじゃ　244

不安、実感、ガチャ　246

成長「実感」　247
もっといいのがあるんじゃないか　249
もっといいのがあるんじゃないか、ガチャ引けば　250
婚活ガチャ　251
ガチャ概念の誤謬　253
興味を持てないのです　255
Z世代の声④「自分にぴったり合った仕事」ってあるのかな？　258

第6章

不安と唯言のはてに
——われわれに何ができるのか

Z世代化する社会 261
社会を写し取ったもの 263
時代ってなんだよ 265
仕事に不安を持ったなら 267
ミスフィットは必然に 268
気に食わなさはかれない泉 269
事前期待と事後結果 272
内発性信奉の罠 273
新入社員は役に立たない 275
新入社員のコスパカーブ 277
とりあえず管理職、満点人間志向 279
管理職めざそうぜ 279

とりあえず管理職のせい　280
満点人間志向　283
Z世代化への「解」　285
理由を探すな、信頼に根拠はない　286
脱・満点人間志向　287
われわれは頭が悪い　289
250ページ900円のコスト　292
統合性をとりもどせ　293
面接で猫を抱く　295
余裕を持って生きたらいい　298
ビジョンを持つより、一手を打て　300
おわりに　303
事例解説編　306
参考文献　310

第1章

Z世代の住処

——SNS、学校、友達、若者世界のリアリティ現代社会は見世物の社会ではなく監視の社会である。

（中略）

われわれの居場所は、円形劇場の階級座席でも舞台の上でもなく、一望監視の仕掛のなかであり、しかもわれわれがその歯車の一つであるがゆえに、われわれ自身が導くその仕掛の権力効果によって、われわれは攻囲されたままである。

ミシェル・フーコー『監獄の誕生——監視と処罰』

まったく、近頃の若者は！

世間の人々が若者に不満を持つのは古今東西変わらないようで、古代エジプトの遺跡の壁画にも「近頃の若者は……」って、書いてあったらしい。ちなみにこの話はネットで流行ったウソなのだけども、そんなウソ話がリアリティを持つくらい、人々は若者にいつも呆れているし、若者はいつも呆れられている。

若者というのは、はたから見れば、いつもワケのわからない生き物に見える。なんでそんなことをするの、とか、なんでそんなのが流行るの、とか。同時に、汚れなく輝ける希望の象徴でもあったりして、ご年輩の方は何かあればとかく「若者のために」とか言ったりする。会社だったり学校だったりで、そうしたちぐはぐな、若者をめぐるアンビバレントな状況に直面する方は少なくないはずだ。

かく言う筆者も、大学の教員という職業柄、授業を通じて日々若者とふれあっている。期待を背負い希望にあふれた若者と、どうしようもなく理解し難い困った若者という光と影の二項対立に、常に遭遇している。

まあつまり世の中、若者に無垢な期待を投じてやまない人々と、若者をくさして（そして、なんとなく楽しんで）いる人々がいて、どっちもどっちな感じもする。若者をむやみに擁護することも攻撃することも、もう食傷気味にやり尽くされた議論かもしれない。

がしかし、それでもなお、若者を語る種は尽きまじ。現代でも刻一刻と若者なるものは変容していて、接することに慣れていてもビックリすることが多々ある。若者にヤレヤレと思う気持ちは古代エジプトからあったのかもしれないけど、「イマドキの若者」の性質は、五千年前どころか十年前や二十年前ともちょっとずつ違った、「時代を反映した」ものであろうと筆者は分析している。

具体例があった方がわかりやすいであろうから、筆者が見聞きした事例から「イマドキの若者」についてお伝えしよう。どちらかといえば非難がましい例ではあるものの、こういう本を手に取られる方はきっと、若者にちょっとネガティブな感情を抱いているだろうから（?）、許していただけるだろうか（?）。個人を特定しないように多少の改変は加えている。ただ、いずれも現実にあった「あるある話」である。理解し難い令和の若者を、とくとご覧あれ。

◉事例1：私、陰キャですから

とある学生と話す機会があった。当初の目的は、授業の質問をしたかったらしい。

ただこの学生さんは話好きだと見えて、授業の話にとどまらず、出身がどこであるとか、高校のときにどういうことを習っていた、というところまで話が及んだ。

「いやあ、○○さんは話が上手いよね。もっと授業で発言したらいいのに」

筆者の授業では、授業中に手を挙げて発言することを奨励している。ちなみに、ほとんどすべての学生は自分から手を挙げることなどない。大学生に聞いた「嫌いな授業」ランキングの1位は「当てられる授業」だとか。ただこの学生は明らかに話すことが得意なように感じたので、もっと授業中も発言したらいいのに、と筆者は伝えた。

そうすると、学生は微苦笑しながら、冒頭の言葉を返したのだった。

「えーでも、私、陰キャですから……手を挙げて発言とかは難しいです」

◉事例2：知っててよかった

授業中の話が出たので、大学の授業というテーマから別の事例を紹介しよう。

昨今の大学は実に学生思いで、熱心に授業アンケートなるものを集めており、学生の様々な意見が見られて興味深い。多くはクレームであるが……（コロナ禍においてはひどかった）。で、近年、次のような回答が増えているそうなのだ。

「この授業は、知っていることばかりでよかった。安心した」

ちなみにこの逆パターンもある。

「この授業は知らないことが多くて不安だった」

「この授業は知らないことばかりやるので不親切だった」

知人が興味深いことを教えてくれた。この方は外国語を教えている。とあるクラスで学生にスピーキングをさせたところ、発音が間違っていたので直したそうだ。

すると、猛烈なクレームが入ったという。

「今まで発音を直されたことはなかった。不愉快だ。先生の方が間違っているのではないか」

●事例3：アンチは気にしません

授業中、おしゃべりしている集団がいた。教員も気付いたら注意するのだけど、教室が広いと私語が教員まで聞こえないこともある。とある授業のあと、感想を述べる「リアクションペーパー」に複数の苦情が寄せられた。

「とてもうるさい集団がいる」「注意してほしい」「品性がない」

授業中に、授業に関することなら多少はしゃべっていい、とは言っていた。とはいえ限度はある。でも教員も、頭ごなしに怒っても仕方ないとも思っているので、次回の授業では少し時間をとって、色々と諭すように注意を促してみた。みんなさ、1人ではしゃべらないじゃない。友達が横にいたらしゃべっちゃうよね、でもそれは周りの迷惑になるよね、と。

伝わっただろうか、と思いつつ、その授業へのリアクションペーパーを読むと、次のようなことが書いてあった。

「おそらく私たちのことを注意したのだと思いますが、授業に関することをしゃべっていただけです」

「他人の足を引っ張っている暇があったら自分のことをすればいいのに。出る杭は打たれる」

「私は味方が1人でもいてくれたら、アンチが100人いても気にしません笑」

いかがだろうか。事例1と2は、もはや一般的だとすら思われる。3はさすがになかなか見受けない現象かもしれないけども、筆者はとても「若者らしい」と思っている。

なお本書の最後に「事例解説編」を記すので、各事例の謎が詳しく知りたい方はそちらもご覧いただきたい。

若者らしさってなんだろう

さて、まずは若者の悪口から始めた。とはいえ、この本は若者の悪口で終始するつもりは毛頭ない。筆者が危惧しているのは、若者そのものだけではない。若者を見つめ、評価する周囲の「オトナ」も、その影響ゆえに無視できない存在だと強く感じている。

とある、学術的なシンポジウムでのこと。登壇者はとあるベンチャー企業の創業者。数多くの賞を受賞し、企業価値評価も好調な企業である。その社長が言ってのける。

「最近の若者は、本当に環境意識が高い。昨今のSDGsやサステナビリティといった議論でも、もはやオトナは若者に置いていかれています。時代はティーンエイジャーの活躍にかかっているのです」

他のケース。経営学を社会人向けに講義する、という場面にて。その日の講師は、年齢は中堅ながら、界隈では勢いがあって著名な方。その講師が言ってのける。

「最近の若者は、本当にエシカル（倫理的）です。彼女ら彼らは本当に環境意識が高く、環境配慮されていない商品には見向きもしません。企業側が若者に選ばれる時代が来ているのです」

聞いていて、それ、どうやって調べたんですか？　と、のどまで出かかった。

先ほどの否定的なエピソードに対してこちらは打って変わって、オトナ顔負けの先進性を発揮する若者、という像が前に出ている。ちなみに、社長の講演と経営学の先生の講義には共通項がある。**その場に若者がいない**という点である。

筆者はこの体験後、ことあるごとに学生に訊いている。「皆さん、エシカル消費とか気を遣っていますか？」と。エシカル消費とは、倫理的な消費行動という（そのままの）意味で、たとえば包装が環境配慮されているだとか、途上国への搾取が行われていない「フェアトレード商品」などが含まれる。

結果は推して知るべし。ほとんど**99％の若者は、エシカル消費などしていない**ようだった。概念自体を知らないという学生も少なくなかった。「10円高いけど環境配慮されてる商品があるとしたら、そちらを選びますか？」という問いにも、反応は鈍い。

授業に後ろ向きで不真面目で、不満タラタラな若者。オトナ顔負けの高い意識を持ち、向社会性を発揮する若者。いったい、どちらが本当なのだろう。若者「らしさ」とは、何なのだろう。

正直に言うと、筆者は大学教員として、こういった若者や若者に関する言説に触れることをかなりストレスに感じてきた。同僚、知り合い、いろんな人に愚痴った（付き合ってくれた人ありがとう）。とはいえ筆者は経営学者である。学者は学者らしく、論理と理論を以て、若者と対話しつつ分析してみた。そうすると、なんとなく現象の背後にあるもの、若者の「正体」が見えてきたのである。本書ではその正体を読み解くために、いくつかの視点から論考を重ねてみたい。

遅ればせながら、この章では「SNSと若者」「大学と若者」という視点から、イマドキの若者をとりまく構造について考察していこう。あえてこの2つを挙げる理由は、これらが若者にとって多くのリソースを割かざるをえない「住処」であるからだ。

SNSとZ世代
——つながりにつながれる若者たち

まず、本書で語られる「若者」がいったいどんな特徴を持った人々なのか、クリアにしておくべきだろう。既に世で話題になっている事象から、代表的なものをいくつか取り上げてみたい。1つ目はSNS。ザ・若者とも言うべき、自他ともに認める若者ツールである。

監視の安寧

Zenlyというアプリが流行ったことをご存じだろうか。フランス発のこのアプリは、一言で言えば「登録した人の位置情報を、リアルタイムで共有する」アプリである。つまり友達同士で登録したら、スマホで互いの位置がわかるのだ。今どこにいるの？　と訊く前にスマホで確認できるし、学校を休んでる友達が家にいる、ってこともわかるかもしれない。

若者は「何のために」Zenlyを使うのだろうか。幼稚園の子どもならGPSをつける気持ちもわかる。がしかし、大学生になって、誰が何のために他人の位置情報を確かめるのか。直感的には、束縛の強い恋人同士が使いそうな気もする。大学生に訊くと、こんな答えが返ってきた。

「遅刻癖のある友達を待つことが多くて。10分20分待たされるくらいなら、位置情報を見ておいて、合わせて行こうと」

「仲良い友達だと、近くにいたら会いたいので。でも、ある程度仲良くないと登録したくないし、パートナー〔筆者注：恋人、彼氏、彼女〕にはむしろ使いたくない」

こうした声から見えてきたのは、Ｚｅｎｌｙは「相手を束縛したい」という、ちょっと重い動機から用いられるというより、「コスパ」「タイパ」を高めるアプリ、として人気を得たようなのである。友達を待つ時間が惜しい。近くにいるか訊く前にアプリを見たらわかる。こうした用途のために、若者はＺｅｎｌｙを使っていたようだった。

かつて著名な哲学者ミシェル・フーコーは「パノプティコン」を引き合いに出して監視社会を語った。その背景には、誰かに自らを監視される社会への強い忌避感と懸念があったと推される。パノプティコンのアイデアは時代を経て、著名人のプライベートを見世物にして楽しむ「シノプティコン」、ＩＴ大手企業に代表される個人情報の網羅による「クリプトプティコン」など、変遷を遂げていく。

こうした小難しくも見える議論に通底する前提がある。「監視されたくはない」という思い、自由への渇望である。平民が自由を得るなど考えられなかった時代を経て、現代人は自由を勝ち取った。ただ、現代の、特に若者を見ていて思うことがある。**若者は、監視されることに対する抵抗がかなり薄いのではないだろうか。**なんなら自由だとかどうでもよくて、Ｚｅｎｌｙをはじめとする SＮＳの隆盛の背景には、監視と管理を受けることへの安寧が、たしかにあるように感じられる。

若者は、とてもきめ細やかに互いを監視している。友達全員に使うわけではなくて、特定のこの友達とだけつながる、恋人とはつながらない、など実に丁寧に人間関係をマネジメントしている。この「相手による使い分け」が実に細かいのも、若者の特徴であり、また若者は監視しながらも監視されているという、ちょいとヤヤコシイ関係にある。

自由とか自主性ってのは、大げさに言えば進化してきた人類の証し、闘争の末の戦利品だったはずだ。でも、ホントのところ若者はそっちの方が便利だから別に監視されていたってよくて、自由を自ら手離しているようにすら見える。Ｚｅｎｌｙ自体はサービスを終了してしまったものの、後継アプリはいくつか出ているようである。現代の檻の種は尽きまじ。

本物はどこにある?

若者を語るにおいて、インスタ(Instagram)はきわめて象徴的だ。執筆時現在、若者の人気をTikTokと二分しており、かつTikTokよりも普及率が高い。インスタの特徴はいくつかあり、その1つに「フィルター」をはじめとする加工機能が充実していることが挙げられる。特に女性は、今や加工をせずに画像を上げる方が珍しい。

加工文化は、ときに嘲笑の対象でもある。あまりにも実物と違う画像の中の人。加工しまくりの画像でバズったインフルエンサーが動画配信したところ画像とかけ離れた見た目だった、なんて話もある。

そして、そのくらい若者も自覚している。つまり、インスタの世界は「虚」だってことを(若者のこういう嗅覚は、けっこう鋭敏だ)。そこで流行り始めたのがBeReal.というアプリ。このアプリは、不定期で「今、投稿してください」というアラートが鳴る。その指示が出た2分以内にその瞬間の「リアル」を投稿する、というSNSなのである。

昨今のこの手のサービスは本当によくできていて、かつ若者はそれを乗りこなしている。流行りを決して逃さず、嬉々としてBeReal.に興じる。あっ、通知きちゃった! えー今投稿するの？　というハプニング感と、半強制でリアルをさらけ出すことを求められるスリル。もはや監視を受容するどころか、監視を楽しんですらいる。

若者にとってリアルとは何だろうか。リアルとバーチャルという二分法すら陳腐に思えるほどに若者はバーチャルに耽溺し、リアルを、だいたいは加工されたリアルを、バーチャルに投じて他者と共有している。

ラインは重い

監視されることへの抵抗が薄れているかもしれない、という話をした。とはいえ若者がZenlyやBeReal.を共有するのはだいたい友達同士であり、気を許した相手にしか監視を許さない。

最近の大学では、ガイダンスのような1年生向け授業を提供することが珍しくない。「入門演習」とか「ファーストイヤーゼミ」とか呼ばれていて、単位も出る。だいたい1限にあって、要は早起きして友達作って、大学になじめる機会を大学側が用意しているのだ。

その授業で、グループに分かれて自己紹介をする時間をとった。連絡先でも交換したら、と促すと、みなスマホを取り出す。学生らを眺めていて、あることに気付いた。

――こういうときに最近の学生は、インスタ交換するんだね。

「あー、そうですね」

――僕らの頃はメールだったよ。知ってる？　キャリアメール。

筆者は２０００年代後半に大学時代を過ごした。記憶している限り筆者がラインに出会ったのは23歳で、インスタは20代後半である。

――ラインは交換しないんだね。

「ラインはちょっと……」

――わかるよ。「重い」んでしょ。ラインは。

「！　そうです。そうなんですよ」


この些細なやりとりには、実は現代の若者のコミュニケーションの本質が詰まっている。ちんぷんかんぷんな方のために、少し解説しよう。初対面同士が連絡を取り合うために何らかの情報を交換する、というのは当たり前である。ところが、その媒体は世代や集団によって異なり、最近の若者は、初対面ならばまずインスタのアカウントを教え合うのだ。

では、「重い」とはどういう意味だろうか。

若者が、インスタをはじめSNSを用いる特徴には以下のようなものがある。匿名であり、鍵がかかっていること。つまり、検索できない、無関係の人が簡単にフォローできないようにしているのだ。昨今、本名のアカウントで鍵をつけずに発信して炎上する人々がまま見受けられるが、若者はこういった愚は絶対に犯さない。その辺りのマネジメントは丁重である。

メールの時代には考えられなかったくらい、**SNSは開かれているし、閉じられている**。SNSを介せば世界中の人々とつながれる。だが匿名なので、本名で検索しても決して出てこない。そして、一度フォローし合うと互いの情報が逐一共有される。また鍵がかかっていると、鍵アカウント同士で何が行われているか外からは見えない。

さて、なぜそのインスタが重宝されるのだろう。なぜラインは重くて、インスタならよいのだろう。ちなみに、既に仲良くなった同士なら、ラインを使うらしい。

端的にいえば、若者はこう思っている。ラインはもっと仲良くなってから。**初対面程度の「友達候補」に、最も重要な連絡先を教えるのはリスキーである**。まずインスタを教えて、もし「ハズレ」の相手なら、「ブロ解」すればいい。

ブロ解、とは？　これはインスタの仕様で、フォローされている相手を一度ブロックする。その後解除すれば、なんと相手に通知されずにフォローを外せるのである。つまり、もう関係を切りたいな、って思った相手にブロ解することで、連絡手段を絶てるのだ。

そもそもそんな相手に連絡先を教えるなよ、とか、かえってめんどくさくない？　って思うのは浅い。友達候補はたくさんいないと不安である。かといってラインを教えるのはリスクがある。インスタを交換しておいて、いざとなればブロ解。これが若者のコミュニケーションスタイル、のようなのだ。

少し笑い話を。授業で知り合った相手とインスタを交換していると、笑いだす一群がいた。

――どうしたの？

「いや、実は交換しようと思ったら、もう友達同士になってて」

なんと、既にインスタを交換していた相手だと気付かず、再度交換しようとしたらしいのだ。大学入学直後は、百人くらいと連絡先を交換することもあり、インスタの友達が増えすぎて管理しきれなくなる。また、本名（フルネーム）でないことも多く、「この人誰だろう」となることが多いらしい。リアルとバーチャルが紐づかないのだ。このユウキってアカウント、誰だっけ。そもそも男か女かもわからない……。

学生の1人は、「もう、大学生でも名札つけといてほしいです」と言っていた。小学校みたいに。

自己満アカウントです

他にも、SNSにおける若者っぽさを如実に表した例を紹介しよう。SNSにはプロフィール欄があって、大学名だとか、趣味、出身など簡単な情報を載せることが多い。特定を避けるための「符号」も、よく用いられる（たとえば、東洋経済大学なら、TKUとか）。そして少なくない若者が、自分のアカウントのプロフィール欄にこの文言を連ねている。

「自己満です」

自己満。言うまでもなく自己満足の略である。つまり、「このアカウントは自己満足ですよー」という断り書きを掲げているのだ。これにいったい、何の含意があるのだろうか。

ある学生の分析は、的を射ていると感じた。

「インスタって、イケてるグループにいるけどイタくない、みたいなのがめっちゃ大事なんですよ」

既に世に知られているように、インスタは画像を中心として発信するＳＮＳである。ちなみに「インスタ映え」という流行語を生んだような、**いいねがたくさん貰えそうな投稿をしたがるという志向はもう古く、若者の多くは望んでいない**。

今の若者は「ストーリー」を多用する。数秒だけ表示され、一定期間で消えてしまう投稿のことである。この一定期間というのが大事で、「痕跡を残さない」ためではないかと筆者はにらんでいる。ストーリーにコメントやいいねを残すことは可能であるものの、いいねの数や投稿されたコメントは、他者からは見えないようになっている。リアクションの数を他者に誇る志向性と真逆なのだ。

一世を風靡した「インスタ映え」みたいな投稿をするヤツは、若者からすれば過去の遺物で、「イタい」のである。過度にバズるのはむしろ悪いことだ。ちなみに、イタいと何がダメなのかというと……そりゃ**イタいヤツってハブられるし、陰口言われるに決まってるし**。

一方で、ただ黙っているのも憚られる。自分はちゃんとキラキラしていたいっていう承認欲求も、もちろんあるのだ。だから若者は、イケてるけどイタくはない、という均衡を探して、ＳＮＳ投稿に工夫を凝らしている。

その苦悩のはてが「自己満」なのである。キラキラした、イケてる、カッコいい、カワイイ投稿をしたい。でも、それを誰かに後ろ指さされるのだけは嫌だ。だから、最初から書いておくのだ。このアカウントは自己満足ですよ、と。

ツッコミ不在の謙遜

なんだか痛々しいというか、可哀想になるような気遣いだ。とはいえ、この手の話は別に珍しくもなく、若者だけに見られるものでない、と思った人もいるかもしれない。

実際のところ、この話を知人にしたところ、このような感想が返された。

「でもそれって、若者なりの、ただの謙遜じゃないのかな」

なるほど。たしかにこれは、日本古来の伝統と美学に則った、謙遜であるとも考えられる。ふつつか者ですが。浅学非才の。つまらないものですが。日本に根付いた謙遜の新たな表現の1つが「自己満」なのかもしれない。ただ、SNSプロフィールの「自己満」は、既存の謙遜と明らかに異なるところがある。

卑近で私的なエピソードで恐縮だが（謙遜！）、昔、次のようなことがあった。

友人らと忘年会をすることになって、居酒屋で鍋を頼んだ。行きつけの店で、その日は忙しかったのか、他店からおばちゃん店員が手伝いに来ていた。鍋の用意をしながらおばちゃんが雑談する。

話しかけてくれるのであいづちを打つのだが、店が騒がしく、筆者の席はおばちゃんから遠かったので、何を言っているか聞こえない。聞き返すのも憚られるので、失礼なことに、途中から適当に「はい、そうですね」と答えていた。

すると店員は、突然すごい顔をして去っていった。どうしたのかと思ったら、友人もすごい顔をしている。

「なんであんなこと言ったの?」

――え? 実は聞こえなくてさ、適当に返事したんだけど……。

「……店員さ、『おばちゃんでごめんなさいねー。若い子だったらよかったんですけどねえ』って言ったんだよ」

つまり、謙遜には「ツッコミ」が必要なのだ。いやいやそんなことないですよ、という応答があって初めて、ジャパニーズコミュニケーションは成立する。ところが、SNSのプロフィールには応答ができない。だから、ツッコミ不在のまま自分を卑下する文言だけ残る。これでは謙遜が、笑えない自虐になってしまう。

そして、これは実はSNSコミュニケーションの本質でもある。つまり、会話してるようでしていない、何か交換してるようでしていない、のだ。既読といいねマークはつくけれど、明示的なコメントは必ずしもつかない。ラインにも、スタンプという何を言いたいのかよくわからないけど会話した感じにしてくれる実に便利な道具がある。いつも誰かとつながっている気分になれて、実は誰ともやりとりをしていない。そんなやりとりがコミュニケーションの中核になっているのが、Z世代なのである。

トモダチ監視の檻

それにしても、若者とコミュニケーションしていてつくづく思うことがある。若者は、あまりにも友達に囚われている。何をするにもまず、友達の顔を見る。SNSも、多くは友達とつながるために用いられている。

大学の授業で、座っている学生に意見を乞うてみたとしよう。これ、どう思いますか？と。十中八九、初動は決まっている。苦笑いしながら隣の友達を見るのである。気持ちはよくわかると同時に、恐ろしいことだとも思う。あなたはどう思いますか？　と訊かれているのに、自分の意見を答えることを留保して隣の友達の顔色を窺うのだ。うわ、当てられちゃったよ。困ったなあ。**まず友達の共感を求めて、目の前の問いからは目を背ける。**

若者に限らず、友達は大切だし、必要なものだ。友達は大事にして、多くの時間を共有してほしい。ただし、友達は逃げ場や枷にもなりうる。必死に授業している先生を友達の輪で囲んでせせら笑えば、自分たちがいかにも正しいような気持ちになれる。先生に当てられても、苦笑いで友達の方を向けば、先生が空気読めてないみたいな空気を作れる。友達に交じれば、いつも温かな、ヌルい雰囲気の中で快適に過ごせる。安息の場があってもよい。でも、逃げ場は日々闘っている人にこそ与えられるべきであって、四六時中逃げていたって仕方がない。互いに監視し合う関係の産物がぬるま湯だというのもまた、若者の偽らざるリアルであろう。

複雑化する友活

これまでのエピソードから察せられるように、大学新入生の友達作り活動、略して友活（筆者の造語である）は、実に細やかでメンドクサイ。

大学への入学が決まったら、まずツイッター（現X）でアカウントを作り、投稿やプロフィールに「#春から〇〇大」タグをつける。そこでつながったら、「インスタお迎え」である。つまりそのままツイッターで絡むのでなく、インスタのアカウントを交換して、いったんインスタに移行する。不特定多数とつながるのはツイッターの方が適している一方で、ツイッターは他者から見つかりやすく、かつ民度が低くて（！）、加罰性・攻撃性が高いゆえに若者からは敬遠されがちである。

つまり、入学決定後からツイッターで友達候補のスクリーニングを行い、インスタで二次審査を行い、投稿の監視を経て友達になることを許される。

め、めんどい……なんでここまでするのか。

若者の生活は極度に友達に依存しており、孤独は恐怖である。友達ができないことや、イケてない友達ができてしまうことは、なにより怖い。**なんとかしてイケてる側に存在していないといけない**。

友達にほだされるのは、別に近頃の若者に限らない。ただ近頃の若者は、つながるための監視ツール、つまりSNSが発達しすぎていて、過干渉になりやすい。それは快適な住処というよりは、まさにSNSという檻に入れられた状態に見えてしまう。

大学とZ世代
――お客様化するZ世代

そしてもう1つ、若者が依存する重要な場、特に友達と絡む場として学校（大学）が挙げられる。現代の大学はどうやら「高校化」していて、大学でも「友達離れ」ができない人は多い。次に大学生としての若者という観点から、若者と大学の関係について考えてみたい。SNSの話が当てはまるのは、別に大学生に限らない。ただここからは、特に大学生を念頭に置いて話を進める。「モラトリアム」として子どもと大人のはざまにある、社会化の過程にある若者たちを預かる大学の構造を読み取っていきたい。

大学の高校化、高校の大学化

昨今の大学をとりまく話は、だいたい景気が悪い。平成16年の国立大学法人化を境に、楽園だった大学はもうどこかに消えたと言われて久しい。カネやヒトは慢性的に不足し、少子化によって学生数も激減している。私立大学は特に学費が収入の多くを占めるので、学生の減少は経営に直結する死活問題となる。

この社会の流れに対し、大学教員として感じることがある。大学は確実に「高校化」している、ということだ。どういうことだろうか。

ほぼすべての高校（までの学校）は「クラス」をつくる。そして毎日出席を取る。つまり、生徒は管理下・監視下に置かれている。良いか悪いかはおいといて、学校教育というのはそういうものである。対して、伝統的な大学は概ね奔放であった。学生を縛らず自由にさせるという理念があり、これも良くも悪くもそういうものであった。

ところが最近の大学は、学生を管理したがる。けっこう驚かれる話があって、何かというと、最近の大学では「保護者会」が開かれることが珍しくない（私の知る限りでは私立大学に多い）。

それって「Fラン」みたいなとこだけでしょ？　ともよく言われるけども（失礼な言いぐさだ）、そこそこ名の知れた、偏差値の高い大学でもやっている。むろん、高校までのように義務的にほとんどの保護者が出席することはなく、希望者に限って学生についての相談や報告の機会を設けるものだ。とはいえ、「大学で保護者会」は、びっくりされることが多い。

なぜそんなことを？　学生が望んだのだろうか？　そんなワケない。保護者が望んだのだ。なぜ？　きっと、不安だからだ。なお、高校も大学化している（この意味は、後の章で解説したい）。

大学のテーマパーク化

「大学のテーマパーク化」というフレーズがある。大学の現状を揶揄したもので、学生が大学に遊びに来ている、みたいな意味で用いられることが多い。まあ実際そうであるし、でも最近の傾向でもないと思う。老若男女問わず、「大学で勉強していた」と言う人の方が少数派であろう。現代の若者だけ叩くのはアンフェアだ。ただこの「テーマパーク化」、もう1つの意味がある。そして、そっちの意味の方がよっぽど怖くて、かつ大学生のリアルを描いている。

テーマパークといえば、ディズニーランドやUSJが想起できる。それらのエンタメは、経営学の視点から見ても舌を巻くほど高度で優れている。学生たちもテーマパークの虜になっていて、1回行くだけで教科書が3、4冊買える価格のチケットでも、なけなしのお金を払ってテーマパークに向かう（教科書は、買わないか、先輩にもらって節約する）。

なぜ若者たちはテーマパークに熱狂するのだろうか。ビジネスの観点から見れば、テーマパークはかなりの設備投資を行う必要があり、要は装置にとことんお金がかかっている。その規模は鉄鋼メーカーや自動車メーカーに匹敵し、大学の比ではない。また、エンタメを徹底的に追求していて、とにかく楽しい。**不快なものが極力排除され、楽しさだけで満たされた空間**がそこにある。まさに夢の国だ。ただし、有料である。

大学のテーマパーク化とはすなわち、**大学を、不快を消し去ったとにかく楽しい場所だと見なす志向**を指す。

コロナ禍（の初期）において、SNSで「#大学生の日常も大事だ」というハッシュタグが流行った。侃々諤々の議論とも言えない議論が飛び交った。そのさなか、「結局、大学生は大学にキャンパスライフを求めてるんです。授業なんかどうでもよくて、キャンパスの青春を奪われることが許せないんです」という主張が見受けられた（余談だが、コロナ禍で大学生がときに悪者にされ、多大な犠牲を払い、社会のしわ寄せを受けたのは間違いない。どこかで清算されないといけない）。

これはまさに、大学テーマパーク説に基づいた主張だ。大学は享楽を得る場所であるわけだから、大学生のエンジョイライフを最優先すべきだ、というわけである。

「テーマパーク化」にはもう1つの含意がある。**学生を「客」に見立てている**ところだ。そもそも学生は大学に学費を払っているわけであり、その意味で顧客である。しかし、元来、学生は大学にとって客のようで客でない。テーマパークの客が（テーマパークの外で）犯罪行為をしでかしても、テーマパークが責められることはない。でも、大学生が問題を起こしたら、大学も責められる。学生は大学の一員としての自覚と責任を求められる。お金を払っていながら組織の一員として振る舞う、不思議といえば不思議な関係である。

しかし学生がお客様になってしまうと、様々なことが成り立たなくなる。金を払ってるんだから。誰のおかげで食えてると思ってるんだ。こうした傲慢な客の論理が許されてしまうのであれば、大学ができること、やるべきことは、かなり意味内容が変わってくる。たとえば、語学で発音を直すのは失礼だ。仮に発音が間違っていようが、いい発音だね、と言って帰すのがよかろう。だって、お客さんだから。

いい子症候群の真意

本書を執筆するにあたって、かなり参考にした本がある。金間大介著『先生、どうか皆の前でほめないで下さい――いい子症候群の若者たち』である。やや若者を揶揄するきらいが強いものの（本書も人のことは言えない）、実に鋭く若者の実態を抉っていると感じた本だ。この「いい子」とは何だろうか。日常の慣用で、よく使うフレーズを考えてみよう。

「いい子にしててね」

子持ちのご家庭なら、飽きるほど思ったことがあるだろう。子どもは、特に小さい子どもは、親やオトナの意向なんて知るわけもなく、傍若無人に大暴れする。「ちびっこギャング」に疲れ果てた親御さんは、修飾語を足して、聞かない子どもに語りかける。

「頼むから、いい子にしててね」

こうした親御さんにとって、非常に強力な文明の利器がある。タブレットとＹｏｕＴｕｂｅだ。お気に入りのＹｏｕＴｕｂｅ動画を視せておけば、暴れまわる子どもたちはウソのように静かに映像に見入る。**このとき、子どもは「いい子」になる。**

ここまでは良いだろう。で、ちょっと考えてみてほしいのだ。ＹｏｕＴｕｂｅに見入って静かな子どもが「いい子」だという意味を。

言葉というのは多義的で、場合によって意味は異なる。年を重ねれば、親孝行をしてくれる子が「いい子」なのかもしれないし、礼儀正しく品行方正であることが「いい子」なのかもしれない。

しかしＹｏｕＴｕｂｅの例で言うなら、いい子である条件はきわめてシンプルである。「**黙って座っていること**」だ。子どもが幼少期ならわかる。小さい子どもは本当に手がかかる。最近は共働きのご家庭も増えて、「頼むから」と、どれだけの親が思ったか。黙って動かない、手のかからない子どもは、心から「いい子」と言えるだろう。

しかし。いい子は、いつまでいい子なのだろう。つまり、大学の授業で「いい子」である必要はあるのだろうか。

単刀直入に言えば、筆者は授業をしていて気付いたのだ。ああ、この学生たちはもしかして、「**黙って座っていれば、いい子だと思ってる**」んじゃないかと。三つ子の魂、二十まで。高校を卒業してハタチ前後になっても、三つ子の頃のことを忘れていない。

学生たちは、ただ何もせず座っている。手も挙げず、ノートも取らず、たまにスマホをいじったり。当てても苦笑して横を見るだけだ。なのに、なぜか教室には居る。授業には来る。最初は、実に幼いと思った。正直情けない、とも。ただ、こういう性質はどこから来たのだろうと不思議にも思い、そして気付いたことがある。「いい子症候群」はきっと、小中高と積み重ねられた先生たちとの「共犯関係」の産物なのだと。

先生と学生の共犯関係

まったく余談ながら、筆者は「怖い」と言われることが多い。教育現場では、この怖さを最大限活用しており、ほどほどに威嚇しておくと学生は比較的おとなしい。ところが他の先生の話を聞いていると、授業での学生の騒ぎっぷりたるや、まあ酷いものである（ちなみに、治安と偏差値はたいして関係ない）。相手を見て振る舞いを変える狡猾さもまた、実に若者っぽい性質だ。

かつ、現代の大学、というより教育現場では、学生を安易に怒れないという問題がある。アンガーマネジメントという言葉が浸透し、人前で怒る人は異常者や犯罪者のような扱いを受ける時代だ。職場でも学校でも、若者を怒るということは忌避されており、そもそも現象として珍しくなってすらいる。

とある大学の先生は、授業態度を注意したときに言われたことがあるそうだ。

「PTAに言いつけますけど、いいんですか？」

その先生は「大学にPTAはありません」とどストレートに事実だけ告げて、学生を退場させたとか。要するに、小中高では保護者に言いつけられるのが一番メンドクサイ。**この手の悪い奴らは、どうやったらオトナが嫌がるのかということをよく知っている。**

本当に先生が悪くて、保護者が出ていくべき場面も必ずある。しかし保護者カードはあまりにも強力で、火のない所に煙を立てることもできてしまう。昨今の報道の通り、小中高の先生たちはかなり疲弊している。ぶつかってでも教育する、クレームを恐れずに向き合うよりは何も起きないように振る舞うことを選んでも、正直責められない。

授業のたび騒ぐ子どもたち。キレたくなる気持ちを一生懸命に静めて、怒るまいと思いながら授業を進める先生。ふと、心に魔が差す。

「もし、授業をしないで済んだら……そして、生徒が何も言わず見過ごしてくれたら……」

このとき、先生と生徒との間に、悪魔の約定が成立する。先生はテキトーに授業する。生徒はテキトーに流す。**ただ、黙って座っているだけ。これが、互いの幸福度を最大化する均衡点なのだ。**

むろん、疑問や義憤を持つ方もいるだろう。それは教育者として望ましくない均衡だ。それに、授業をマジメに受けたい生徒の機会を奪っている。もっともである。その通りだ。ただ、その正論を受容できない程度に、特に小中高の先生たちは疲れてビビってしまっている。

教育という「負担」

そして、この様相は大学でも似たようなものになっている。大学教員がよく使う言葉に「授業負担」「教育負担」がある。要はいくつの授業コマを担当するかという話で、「今、授業負担どのくらいですか?」とか、「あの大学は教育負担少ない」とか言ったりする。**授業**

は負担なのである。大学教員はどちらかといえば教育のプロではなく研究のプロだということもあって、授業を担当することを前向きに捉えている人は必ずしも多くはない印象だ。少なくとも、授業負担という言葉が成立する程度には。

もちろん教育に真摯に向き合う先生もごまんといらっしゃる（というか、ほとんどの方はとてもまじめに教育に向き合っている）。ただ、学生数の多い大学だと、自分の専門とは違う分野を担当したり、数百人が受ける授業を複数担当したり、20～30人の卒論を1年で担当したり（！）することもある。たしかに過大な負担だ。

このような状況だと、大学でも共犯関係は成立する。先生はできるだけ手を抜く。学生はボーッと座っている。そして授業をやり過ごす。これが一番、互いにとって負担がない、Ｗｉｎ－Ｗｉｎの関係。**互いに無関心であることが、互いにとって一番幸福なのである。**

あんまりだ、と思った方もいるだろう。もちろん当たり前だが、こんな先生と学生ばかりではないことも重々断っておく。でも、そんな答えを選ぶほどに疲弊した現場の状況が、互いに「都合の良い」最適解を導いていることは、重々承知されなければならない。別に悪いことをしようと思ったわけでもない。互いに無関心であるという関係は、どっちにも都合が良いので採用されただけなのだ。

でも、これはさすがにマズイ。何がマズイのかというと、小中高、大学では「いい子」

がまだ成立する。だが、会社や職場では成立しない。**黙って座っているだけの社員を評価してくれる会社など、ない。**「リアリティショック」に直面した若者が、きっといるはずだ。「おかしいなあ。今までは、黙って座ってるだけで、みんな許してくれたのに。この会社は違うようだ。ブラック企業なのかな？」

若者を支配する構造
——周りを見張ってちょっと上

以上、ＳＮＳと大学という観点から、若者を分析した。ＳＮＳと大学（学校）は若者のホームグラウンドで、住処というべきところだ。

ＳＮＳの監視網はいっそう発展し、位置情報や今この瞬間までも共有する世界である。でも若者は、それを受容してなんとなく楽しんでもいる。大学は、経営難もあって学生をお客さんとして見るようになり、学生や保護者もまたお客さんのような気持ちで楽しみに来ている。そこでは、しんどいことはできるだけ見ないようにしよう、互いに無関心でいよう、という共犯関係が成立する。

このSNSと大学（学校）において欠かせない、きわめて重要な役回りをはたすのが友達だ。若者を知りたければ、特定の個人ではなく、友達「たち」といる若者「たち」を観察しないといけないほど、若者は友達に依存して生きている。

本章の最後に、後の章で核心となる会社やビジネスといった事柄とも結びつけながら、若者の特徴をざっとまとめてみたい。

「平均ちょっと上」志向

近頃の若者を説明する概念としてなかなか巧いのが、次の2要素である。すなわち、若者は「ありのままでいたい」と「何者かになりたい」という2つの、ときに相反する願望を抱えているという分析だ。

「ありのままでいたい」は「個性を重視」「素の自分」「無理につくらない」といったキーワードと結びつく。現代にありがちな、天然志向ともいえる。対して「何者かになりたい」は「自己実現」「成長」「他者に誇れる」などと密接だ。SNSでも、「ちょっといい感じ」を演出するのがとても大事。他者から見て「いいね」といえる投稿であることが求められる。ポイントは、あくまで**他者から見て**である。自己満じゃダメなのだ。

この傾向が如実に表れたアンケートがある。センセーショナルに報道され一部でバズった「若者が昇進したがらなくなっている」という統計調査だ。日本生産性本部が行ったアンケートがベースで、どのくらいまで昇進したいかという問いに対し、ざっくり「社長」「部長」「主任班長」つまりグループのリーダー相当、そして「どうでもよい」の4段階で測定をしている。この調査では、平成21年~31年までの10年で、前3つの数値がいずれも低減傾向で、そして「どうでもよい」が最も増えていた、という結果が話題になった。昇進を望まない、欲がなくて無気力な若者、という像が導かれる。

どうでもよさの中身

筆者は、授業でダイレクトに聞いてみた。皆さん同じ傾向ですか？　どうですか？　と。興味深い発見が2つあった。まず、「どうでもよい」について。その場に16名の学生がおり、4択で「どうでもよい」を選んだのは3名。3名からは、三様の答えが返ってきた。

「私は会計士などの資格職をめざしているので、昇進はあんまりキャリアに関係ないかなと。将来的に事務所として独立するとか、家庭に入るという選択肢もあって、会社の中で昇進していくっていう将来像がない」

専門職めざす系の回答である。続いて、

「たぶん自分の能力からして、自分の仕事でいっぱいいっぱいになると思う。正直、他人の面倒を見るレベルで仕事できる気がしないので、管理職とかは想像がつかない」

謙虚すぎる、自信がなさすぎるという印象はあるものの、言いたいことは理解できる。

最後に、もう1つ。

「自分は、転職を積極的にしようかなとか、フリーランスみたいな働き方にも興味があって。同じ会社で昇進をしていくってことをあんまりキャリアの中で考えてない」

昇進が「どうでもいい」という割合が増えたことは概ね批判的に受け取られ、若者叩きの格好のネタでもあった。しかし、意外な事実として見えてきたのは、**けっこう中身のある「どうでもいい」がある**のだということだ。好意的に見れば、これこそ「キャリア観の多様化」といえるだろう。

もちろん、頼りない無気力の表れとしての「どうでもいい」もあろうが、自分を持っているからどうでもよくなる、ということもあるのだ。これは筆者が若者とコミュニケーションしてみて、率直に感じたことでもある。**若者は、けっこう細かいことまで考えている。**

最大化でなく最適化

もう1つの発見について言及しよう。社長、部長、主任、という3つの区分を問うたとき、最も割合が大きいのは「部長」であった。この理由は、次のようなもの。

「昇進したほうが給料もいいだろうし、できるならしたい。でも、社長は責任が大きすぎるというか」

「恥ずかしくないというか、周りに自慢できるのが部長くらいかなと思って」

「社長は自分にできる気がしない。最大限努力して部長なのかなあ、と」

「社長って、会社のサイトに顔が出たりするじゃないですか。業績が落ちたり不祥事で、顔や名前が晒されたりするかもしれない」

最後の答えなんかは、なかなかＳＮＳ世代を代表するような返答だ。つまり、「偉くはなりたいけど、社長ってほどじゃない」という、**上昇志向と奥ゆかしさの均衡を図った落としどころ**が「部長」なのである。なお授業では、こう忠告しておいた。

「ちなみにね、部長って役職としてはかなり上だよ。会社の規模にもよるけど、頑張っても一生部長になれない人は世にごまんといるよ」

緻密に考えているわりに、こういった知識が欠落していることもまた、学生の特徴である。仕方ないことではある。

つまり、若者の傾向が１つ明らかになった。どこまでも上をめざすという**最大化ではなくて、ほどよく得できる、コスパの良い、「最適」をめざす**のである。言い換えれば、平均ちょっと上。周りをつぶさに見て、平均を推定して、そのちょっと上になる、ってことを慎重にめざす。これが若者の特徴のように見受けられる。**若者はかなり慎重に周りを観察して、最適の置き所を探っている**。

ふつうの置き所

率直に、賢いなあって思う。なんというか、現実がよく見えている。同時に、なんとなく物足りなさや疑問、危なっかしさも感じる。いい子症候群について述べた金間先生も、本で力説していた。

「ふつうでいいって言う人たちへ。皆さんが軽く口にする『ふつう』は、今の日本で得られる最上級の待遇です。そのふつうになるために、どれだけの努力を払っているか。いい加減に夢から覚めなさい」

Z世代は、「ふつう」とか「平均」を、どう捉えているのだろう。

ネットやSNSに毒されていると、たとえば年収500万円を「たかが500万」と思ってしまう。「ふつう」だと。なお、国税庁の調査によると、年収500万円を超える割合は全体の約3割。男性の45%、女性は13%。半分くらいいるじゃん、と思うかもしれない。気を付けるべきは、収入はかなり年齢に比例する。厚生労働省の調査によると、30〜34歳で500万円以上稼ぐのは、全体の2・8%。30代後半でも、6・8%だ。年の功を重ねてやっと、収入が積み上がっていく。第2章で詳しく述べるように「ふつう」の感覚が狂いまくるのが現代である。若者よ、君が思う「平均」が何を根拠にしたものなのかは、立ち止まって考える価値がある。

さて、本章では、本書で扱う「若者」がどんな感じの人々なのかということを共有し、監視し合っている、最適化をめざしている、といった特徴が挙がった。これ自体は、良い方にも悪い方にも転ぶような性質だろう。「いい子」であり続けるような性質は、会社に入ったら困ることになるかもしれない。

しかしこうした特徴をふまえてなお、現代では、若者はある種の危機に直面している。その危機とは、いったい何か。なぜ、どのようにそうなっているのか。次章では、若者がいかに「ビジネス」の射程の中に在るのかについて考察していきたい。

Z世代の声①
BeReal.って何？ 実際どうなの？

あの日何してたとか、アルバムみたいに残るので楽しい
インスタより気軽で、自分が投稿しないと友達のも見られないので、しっかりハマってしまっています

自分の日常を晒して何が楽しいんだろうか……。あまり惹かれるものがない

友達と一緒にいて通知がくるとゲームみたいな感覚で楽しめて、それがいいのかなと

BeReal.は盛れないから楽しいって聞くけど、友達が撮ってるのを見る限り、けっこう盛ってる
かわいい角度とか、見せたくないもの隠せる画角探したりとか

生きがいになって、明日も生きようと思えるようなアプリだと思う

ハマってる後輩は、部活で走り終わって疲れてるときでもダッシュで撮りに行ってる。すごい

第2章

消費の主役・Z世代

——経営者化する社会

消費社会、それはまた消費の仕方を学習する社会、消費についての社会的訓練をする社会でもある。つまり、新しい生産力の出現と高度の生産性を持つ経済的システムの独占的再編成に見合った社会化の新しい特殊な様式といえるだろう。

ジャン・ボードリヤール『消費社会の神話と構造』

消費の主役・Z世代

「Z世代」なる言葉がある。本書のタイトルにもなっており、現代の若者を総称するこの言葉は、どういった経緯で生まれた言葉なのだろうか。

経営コンサルティングファームである「識学」が提供する「識学総研」では、次のように解説されている。

「Z世代は明確な定義がなされているわけではありませんが、一般的には1990年代後半から2012年頃に生まれた世代を指し、2023年現在、20代前半から10歳前後の年齢の人が該当します」

「『Z世代』という言葉の発祥はアメリカです。当時、アメリカで1960年から70年に生まれた人を指す言葉として使われていた『ジェネレーションX（Generation X）』という言葉が由来といわれています。アルファベット順でXの次に来るのがYであるため、この世代の次の世代を『ジェネレーションY（Y世代）』、Y世代の次を『ジェネレーションZ（Z世代）』と呼ぶようになりました」

元々X世代、Y世代と呼ばれる人々がいて、Z世代は「第三世代」というわけだ。

他の説明の中に、私的に、非常に気になる文言があった。


「2022年現在では、世界の人口の25％をZ世代が占めています。日本では少子高齢化が進み若い世代が多くはありませんが、アメリカでは消費の主役になっているため、多くの企業がマーケティングの対象としてZ世代に注目しています」


消費の主役。マーケティングの対象として注目されている——。

ところで筆者はいわゆる「ゆとり世代」にあたる。「ゆとり教育」が語源。詰め込み教育へのアンチテーゼとして勃興し、「円周率を3にする」といったアイデアが世間を賑わせ、不興を買い、立ち消えていった教育改革である。

筆者世代を代表する概念が「教育」発なのであれば、現代の若者、Z世代は「消費」に代表される、というのだ。

Ｚ世代中のＺ世代

Ｚ世代が好きなもの、って何だろうか。第1章で述べたように、Ｚ世代を代表するものにＳＮＳ、たとえばＴｉｋＴｏｋがある。

ＴｉｋＴｏｋ。10秒程度の動画コンテンツが中心のＳＮＳで、「女子高生が踊ってるやつ」みたいな理解をしている方も多いだろう（だいたい合ってる）。人が踊るだけではなくて、おもしろ・びっくり動画や、ニュースの切り抜きが投稿されることもある。

このＴｉｋＴｏｋは実は中国企業で、TikTok for Businessという媒体から「Ｚ世代白書２０２３」なるレポートを発表している。とある見出しがまぶしい。「ＴｉｋＴｏｋはなぜＺ世代に受け入れられる？」。受け入れられてる前提、である。強気！

この白書は、実にキラキラした、若者らしさにあふれている。

「ＴｉｋＴｏｋにいるのは、Ｚ世代中のＺ世代」

「固定概念に縛られることなく、自分の状況や目的によってクリエイティブにツールを使いこなしているのが特徴的です」

「好奇心が旺盛で成長意欲が高く、デジタルを通じて世界を広げようとする」

好奇心旺盛……。授業で死んだ魚のような眼をしてる人々は誰？ **成長意欲が高い**……。昇進はしたくないらしいけど、成長はしたいのだろうか？ **世界を広げようとしている**……。ＳＮＳにだいたい鍵がかかっているとしても？

いけない、若者憎さで、企業レポートにうざ絡みをしてしまった。大学とＴｉｋＴｏｋが、Ｚ世代から同列に扱っていただけるわけがなかろう。ＴｉｋＴｏｋは若者に好かれていて、味方で、受け入れられてる「そっち側」なのだから。

半分未満、だけど代表

ところで新成人を対象にした調査の中に、主要ＳＮＳをどのくらい使っているかを調べたＳＮＳ普及率という調査がある。１位はラインで、95・８％。連絡手段として浸透しきっているラインをＳＮＳに加える違和感はあれど、さすがの普及率だ。２位がインスタ。85・４％で、特筆すべきは２０１６年の25・０％から急上昇している点だ。３位のツイッター（現Ｘ）の79・２％が、２０１６年からほぼ横ばいであるのと対照的である。

で、ＴｉｋＴｏｋ。インスタ並みの成長率をみせてはいるものの、２０２３年時点で普及率は48・２％。半分にも満たない。要は、Ｚ世代でも半分くらいしか使ってはいないのだ。実際にＺ世代と話してみるとよくわかる。ＴｉｋＴｏｋはどちらかといえば女性向けコンテンツが目立ち、男子学生は相対的に興味が薄い。「流行ってるらしいけど、よくわからない」という意見も多い。

何が言いたいかというと、ＴｉｋＴｏｋはたしかに成長しているサービスで、多くの支持も得ている。でも、さすがに「若者代表」ってワケでもないんじゃないの？　という疑問が湧いてくる。

言説の社会構成

学生に、実にウザい質問だと思いつつ訊いてみる。

「ＴｉｋＴｏｋによると、皆さんは固定概念に縛られず、クリエイティブで、好奇心旺盛らしいですよ。そうなの？」

聞き方が悪いだろってのを差し引いても、反応は鈍い。いやさすがにそんなことないでしょ……というリアクションが多い。

もちろん、そういう若者もいるだろう。無名の一般人が発信しても数万のリアクションやフォロワーを稼ぎうる時代だ。ふだん教室の隅っこで目立たない子がとんでもない創造性を発揮したって、おかしくはない。でもそれは、さすがに若者を象徴しうるようなものではないだろう。大谷翔平さんや藤井聡太さんがスゴイからといって、同世代も同様であるわけがないのと同じだ。

言ってしまえば、若者が好奇心旺盛だとか、創造的だとか、固定概念に縛られないだとかいう言説（discourse）は、実態を表したものというよりかは、**社会的に構成されたもの**なのだ。

言説？　社会的構成？　突然小難しい概念をこねくって、怪文を書き始めたな……大学の先生ってそういうとこあるよね。ただ、言いたいのはそんなに複雑なことではない。たとえば「男らしさ」という概念がある。男は度胸、女は愛嬌とか。こういった概念は「生物学的に一方の性だけに特有に見られる傾向」を意味**してはいない**。

かつて太古の昔、「男は家では黙って座っておけ。あくせく家事やら雑用をするのはみっともない」「浮気くらいするのが男の本懐」とか言ってる人がふつうにいて、支持もされていた。家事しない、浮気する、それが男らしさだったわけだ。

イマドキ、こんなことを人前で言ってしまったら炎上どころではない。社会的に抹殺されるのは間違いない。命の危険すらある。何が言いたいかというと、「男らしさ」みたいなものは、本質として不変にどこかにあるものではない。社会が作り上げるものなのである。その証拠に、「男らしさ」は社会や時代によって変遷する。アメリカと日本の男らしさには差異がある。昭和と令和で違っている。この世のものは、社会が作り上げている。そういった立場を社会構成主義と呼ぶ。

ビジネス化する社会

まあつまり、「若者らしさ」なんてモノは、社会の中で作られたものである。そう言ってみても、もしかしたら何の目新しさもないだろうか。それこそZ世代には、「知ってるよ。この世のものなんて、誰かによって作られたものでしかない。まとめ動画でもそう言ってた」って言われるかもしれない。

では一歩進んで、なんでそんなことが行われるのかについて考えてみたい。つまり、なぜ、何のために、ベンチャーの社長や経営学者やＴｉｋＴｏｋは、「キラキラした若者」「先進的な若者」「創造的な若者」といった概念を社会構成するのか。

推し活は幸福感を高める?

ここで著名なシンクタンクが発表した、とあるレポートを紹介しよう。タイトルは「データでみる日本人の幸福なライフスタイル――ワークライフバランス、推し活、空気感が幸福度を高める」。「推し活が日本人を幸せにしている」と解釈して構わないだろう。

推し活。これまた、現代と若者を象徴する概念だ。アイドルをはじめとする崇拝対象、好意を向ける対象を「推し」と呼び、推しのために行う活動が推し活である。いわゆる歌って踊るアイドルにとどまらず、漫画やアニメのキャラクターやスポーツ選手、あらゆるヒト・モノが推しの対象となっている。

Z世代にとって、推し活は当たり前のものらしい。特徴は、推しへの投資配分が限りなく大きいことだろうか。推しに会うために遠征したり、グッズを買い込んだり、お金と時間を極限まで費やすことがわりと当たり前になっている。むしろ、かけた金額の大きさこそが推しへの愛の証し。そんなにお金もないだろうに、なけなしのお金をなんとか捻出して推しに投資する。

で、いかなる論理で、推し活が日本人を幸福にしているのだろうか。興味を持ってレポートを読んでみて、びっくりした。

この調査では、推し活を「休日や自由な時間に、できるだけ多くの時間・労力・お金をかけている趣味や活動」と定義している。15〜79歳の36177人に聞いたなかなかの大規模調査において、推し活として上位にランキングしたのは、次の内容だった。

1位　旅行（7・0％）
2位　ゲーム（6・3％）
3位　読書（5・9％）

ん……？　「推し活」……？

つまりこのレポートでは、**旅行・ゲーム・読書などを推し活と呼んで、その推し活が「日本人を幸福にしている」と主張している**のだ。

まともな「知性」と「コミュ力」があれば、推し活とはアイドル応援みたいなことを指すとか、ヒトが主な対象で旅行とかは含まないとか、そのくらいはわかるはずだ。これが学生のレポートなら低い点数がつくだろうし、大学の先生が書いた論文なら学会から反論が飛ぶだろう。

書き手はそれなりに名の知れたコンサルティングファームである。だからこその知性を信頼するなら、理由は1つ。**「推し活は人を幸福にする」という言説を作るという目的が先にある**のだ。**結論が先、バズるのが先、**なのだ。

幸せを運ぶ有料の推し

にしても、なぜ、推し活なのだろう。

単に流行りに乗っているのみならず、**推し活はビジネスになる**からだろう。ビジネスとして、かなり大きいポテンシャルがある。消費の主役である若者が推し活に夢中で、かけるコストに惜しみがないからだ。

昔、非常にまじめに私の授業を受けている学生がいた。授業中の態度も積極的で、課題もしっかりこなす。とても優秀だった。授業の最終回で全体に、「なんでもいいので、前向きになれることを探してみて、それを自分の仕事とか将来のことにつなげてみてください」みたいなことを言った。その回のリアクションペーパーで、その学生さんはこう書いていた。

「私は今、応援しているアイドルがいて、その人のために全国を回っています。周りからは笑われることもあるけど、これが一番私にとって大事で、何を言われても貫きたいと思います。それ以外は正直、どうでもいいです」

なんか、いたたまれなくなった。こんなに頑張れて知性もある学生が、一番時間とお金をつぎ込むのがそこなのか。いやまあそりゃ、自由にすりゃいい。でも、でも、もうちょっとなんかないんかい、と思った。

当時はまだ推し（活）という言葉は存在していないか認知されていなかった。しかし推し活は実態として存在していたのだ。そしていつしか推し活という言葉ができて、浸透して一般化し、そして「推し活で幸福になれる」みたいな言説が大手の企業から発表されて、さらに正当性が強化されていく。巨額を投じる推し活が、当たり前で正しいものになっていく。

推し活には希望しかない。幸福しかない。現実はあまりに醜悪で見るにたえない。つまらない学校。友達がいないと生きていけないけど、互いに監視し合って息が詰まる。不安は募る。でも、推しはいつも輝いている。尊い。推しを推すときだけが、自分を幸福にしてくれる。ただし、有料である。

若者を呑み込むビジネス

2022年、就活生のウェブテストを代行した男が逮捕されるという事件が起きた。この男は、学生が就活をする際に必要となるウェブテストを代わりに受験するビジネス数千件を請け負い、数百万円の報酬を得ていたという。余談だが、罪状は私電磁的記録不正作出・同供用。「他人のIDを不正に取得した」という名目であり、「代行」そのものが犯罪ではない、というところに判断の難しさがある。

価格相場は、ニュースの数字から筆者が単純に計算してみると1件5000円くらい。2件4000円で請け負っていたという報道もあった。率直に、**学生は就活にもお金をかけているのだなあ**、と思った。

学生にとって、数千円は気軽に出せるお金ではない。それでも相当数の学生が代行業者にお金を払ったことになる。ウェブテストがよほど苦手だったのか。どうしても入りたい会社があったのか。推し活は楽しいから、わかる。推し活とは真逆の、幸福とはかけ離れたようにも思える就活に、なぜ若者はなけなしのお金を投じるのだろうか。

みんなやってるから

中学生の弟がいるという女子大生から聞いた話。ある日弟を見てびっくり。美容パックをしていたのだ。創造的で世界を広げようとするZ世代の間でも、中学生男子がパックすることは一般的ではないらしい。なんでそんなことしてるの？　と訊く。弟は、

「みんなやってる」

と答えたそうだ。みんなやってるわけねーだろ！　みんなって誰だ！　と問いただす姉。すると、詳しい事情が見えてきた。どうやら**インスタでインフルエンサーがやっていた**そうなのだ。

現代のSNSには、中学生男子のインフルエンサー（！）がいるらしい。つまり、SNSで有名人になっている同級生。そのインフルエンサーが、インスタでパックをはじめ男性化粧品や美容商品を紹介しているのだとか。

「中学生男子ですよ!?　肌つやっつやですよ。パックなんか要らないでしょ！」と、大学

生である姉はケラケラ笑っていた。弟は、お年を召してお肌が気になってきたのではない。いわばそこには解決すべき課題も、ニーズもない。買う理由はシンプルだ。**みんなやっているから**なのだ。

この「みんな」が誰なのかは曖昧である。ただ、誰でもいい。確かめる必要もない。ある意味社会構成主義的に、「みんな」が「みんな」って言えば、それは「みんな」なのだ。インフルエンサーが「みんな買ってるよ」と言ってくれるだけでいいのだ。

インフルエンサーとZ世代

いわゆるインフルエンサーは、若者の支持を集めており、SNSを主な活動の舞台とし、そしてビジネス化されている点で、きわめて現代的だ。そして暴論を承知で言っておくと、**すべてのインフルエンサーはモノを売るために存在している**。

かつ、インフルエンサーはビジネスを最優先事項とする。もちろん、大学の先生だって、会社員だって、医者だって、職業とされるものにはお金が介在している。その意味で大学の先生も金のために生きてんじゃないか、と言われたら、その通りだ。ただ、ほとんどすべての大学の先生は、金を第一義にはしていない。儲けることが最優先だというビジネスの論理では動かない。でも**インフルエンサーは、儲けるというビジネスの論理をかなり純化させていて、そのむき出しの論理によって駆動している**。

シンプルな原理で動いているから、迷いがなくて力強い。力強さ自体が魅力的にすら映る。誰もがなんでもかんでも「場合による」「人による」「私からは断言できない」と言ってしまう現代で、「ガンガン儲けようぜ」って言い切れる人に魅力を感じるのは正直理解できる。

そんなインフルエンサーを読み解くキーワードが2つある。「パーソナルレコメンデーション」と「アンチ」である。

パーソナルレコメンデーション

YouTubeを開くと、トップに「おすすめ動画」が上がってくる。これをレコメンデーション（提案）と呼ぶ。アイドルが好きな人ならアイドル関連の動画が、野球が好きな人なら野球の動画がおすすめされる。

レコメンデーションは技術の発展に伴って高度化している。たとえばかつてなら、ネットショッピングで冷蔵庫を買った人に冷蔵庫を続けておすすめするといったことが起きていたそうだ。アホなＡＩだったわけである。冷蔵庫を何台も続けて買う人はいない。

しかしＡＩが賢くなると、推論するようになる。冷蔵庫を買うということは自炊を始めようとしている。あるいは、引っ越したばかりか、１人暮らしを始めた。ならば、それに合った生活用品をレコメンドしよう、と考えるようになる。

レコメンドが進化すると、かゆいところに手が届くような提案をしてくれる。われわれは自分の意思でＹｏｕＴｕｂｅを視ているように思えて、その実、**ＹｏｕＴｕｂｅを視させられているのでもある**のだ。

現代では、レコメンドがかなり細かく個別化されている。これを**パーソナルレコメンデーション**と呼ぶ。視聴履歴や、なんなら他のサービスの利用状況までふまえて、個々の嗜好に合った提案をしてくる。その結果何が起きるのかというと、誰かと誰かが同じ「ＹｏｕＴｕｂｅ」を視ていると見せかけて、その実、まったく違うものを視ているということが起きる。

どういうことだろうか。こういう試みをしたことがある。学生たちに「今ＹｏｕＴｕｂｅのトップ画面を開いて、スクショ（スクリーンショット）を見せてほしい」と頼んでみる。すると、驚くべきことに、10人なら10人のトップにくる動画がすべて異なっていたのである。パーソナルレコメンデーションがされていれば当たり前のことではある。しかし、とはいえ「若者」として括ることができる同世代の人々がこれほどまでに違うものを視ていることに、率直に驚きを感じた。

テレビならば、選択肢は有限である。CSとか有料放送とかあるけども、だいたいは有限個の、4~5種類のチャンネルしか視ていない。しかしYouTubeは「20歳男性」として括った10人ですら、視てるものがけっこう違う。ネットの海に転がる無限のコンテンツの中から個々が視ているものに、かなりの多様性があるのだ。

そりゃ、おじさんおばさんが、若者のことが理解できないはずだ。というか、若者すら若者のことがわからないんじゃないかと思う。若者向けコンテンツはあまりにも細分化されていて「共通言語」が存在していない。互いに、誰が何を視ているか、まったくわからないのだ。

他者から視えないコンテンツ

で、それの何が特別で、ヤバいことなのか。

ある知人が教えてくれたことがある。その知人は子持ちで、御多分に漏れず子どもにYouTubeを視せることが多いとのこと。YouTubeは子ども向けフィルターもわりとちゃんとしていて、「有害コンテンツ」を排除できるようになっている。にもかかわらず、だ。知人は嘆く。

「子ども向けチャンネルで、キャラクターの指人形を使った寸劇とかやってるんです。子どもが喜ぶんで視せてたんですよ。で、ふと一緒に視てたら、酷い描写があって……キャラクターを殺して食べちゃうとか。けっこうグロいブラックなシーンがあって、びっくりして」

発信者が多様化していることもあり、既存のキャラクターを使った「二次創作劇」を発信しているチャンネルなんかもあるらしい。で、そのチャンネルでは、グロテスクでブラックな描写を使ったりするそうなのだ。「子ども向けチャンネル」で。

テレビコンテンツも「教育に悪い」だのずいぶん叩かれてきたけども、かなり良心的だったのだと思う。少なくとも、放送倫理・番組向上機構などがあって管理されている。YouTubeにもたしかにフィルターはある。死体や裸だったり、差別用語を用いるなど、直接的な描写を伴う動画は配信できないようになっている。しかし、「教育に悪い描写」のフィルタリングには限界がある。

「うちの子がまたYouTube視てる」ということは知っていても、その中身が、他者からは視えなくなっているのだ。結果として、予測できないくらい粗悪なものを視ている可能性がある。もちろん、教育に悪いコンテンツは昔からある。それを一概に排除すべきとも思わない。ただ現代のコンテンツは、ますます他者からのモニタリングと品質確認が難しくなっていることは間違いない。

それらのコンテンツは、若者を着実に「教育」していく。

インフルエンサーとアンチ

にしても若者は、インフルエンサーやYouTuberからたくさんのことを学んでいる。もはや教育コンテンツである。大学の先生よりもよっぽどわかりやすくて、信頼できて身近だから当たり前かもしれない。Z世代にとって推しの対象はアイドルだけではなく、YouTuberについても、誰かしら推しYouTuberがいるのがふつうになってきている。

ＹｏｕＴｕｂｅｒもまたインフルエンサーであり、若者に影響を与えており、そしてわれわれから見えない存在だ。誰々っていうＹｏｕＴｕｂｅｒが流行っていると聞いても、なかなか目につくことがない。われわれのＹｏｕＴｕｂｅにはレコメンドされないからだ。

ＹｏｕＴｕｂｅｒをはじめとするインフルエンサーには共通の符号がある。「**アンチ**」である。たとえば、インフルエンサーが何か悪いことをする。コロナ禍で飲み歩いたとか、不倫したとか、誰かの悪口を言ったとか……そんなことどうでもええやん、てなことでも、すぐに炎上する。現代の有名税である（とんでもない重税だ）。

ツイッターを眺めていると戦慄する。どうしてここまで酷いことを関係ない立場から他者に言えるのだろうというコメントが並んでいる。そりゃ若者がツイッターから離れるわけだ。インフルエンサーなど有名人に対して否定的な立場をとる人々、これを総称してアンチと呼ぶ。

アンチ巨人という（古い）言葉があるように、アンチ自体は新しくも珍しくもない。ただ現代ではアンチ行為が可視化され世界に公開されるので悪目立ちしやすい。そして、現代のインフルエンサーは新しい概念を生み出した。言うなれば「**アンチ－アンチ**」である。

アンチ－アンチ

炎上した（しかけている）インフルエンサーは、高確率でこういう投稿をしている。

「アンチが言いたい放題してますけど、私は気にしてません。私は自分を応援してくれる人がいればいいし、それで幸せなので」

で、ファンはこうリプライする。

「ですよね。アンチは気にしないでくださいね」

「アンチがいくらいたとしても、私はあなたの味方です」

自分を攻撃する人々をアンチと見なし、逆にアンチをアンチすることで、「仲間」の結束を高めるのである。

2023年11月、とあるインフルエンサーがニュースになった。界隈では有名な振付師の方らしい。ダンスと相性抜群のTikTokで人気。で、その方が酔っ払ってコンビニに入って、思わず踊ってしまって、で、その動画を公開したそうなのだ（書いてて意味わからないけど、現代ではそれが自然な行為なのだ。価値観は多様であるべきだし、他人に口出しするのはいけないことだ。って、みんな言ってる）。

ファンは、推しの投稿にときめく。「酔っててもめっちゃかっこいい〜」「カッコよすぎて死にそうです。惚れてしまった」。しかし、アンチも黙っていない。「こんなところで撮ったら迷惑だよ」「コンビニで踊るのは非常識だし迷惑すぎる」。

そして、インフルエンサーの返しの一撃。

「コンビニで踊ったらアンチが沢山来ました」

と、ホントに投稿したらしい。

コンビニで踊るのは非常識で迷惑だ、というコメントを常識的なリアクションだとみなす方は、現代における価値観の多様化と相対主義の跋扈を理解できていない。**不快な非難はぜんぶアンチ**なのである。ビジネスの論理を純化させたインフルエンサーにとっては、自分の味方になるかどうかで、とるべき態度がすべて決まっている。

現実世界のアンチ－アンチ

インフルエンサーはファンありきのビジネスをしている。フォロワー数や再生数を稼いで広告収入を得ているし、直接的にグッズなど商品を買ってくれることもある。だから、とりあえず多くの人に知ってもらって、有名にならないといけない。でも、有名になるとアンチがつきやすい。すべての行動は見張られてて、少しでも隙を見せたらアンチが殴り掛かってくる。だから、そのアンチにアンチしないといけない。

アンチ－アンチすると、仲間内での結束が高まる。共通の敵を見つけて、さらに自分たちの正しさを確信する。アンチに負けちゃいけない、もっと応援しないと。よし、応援消費だ。投げ銭しよう。**アンチ－アンチは、うまく使えばビジネスのためにも非常に有効なのだ。**

なんというか、好きで応援して、自分でお金を払ってるなら、好きなようにしたらいいとも言える。お節介は嫌われるし、何を言っても説教としか思われないだろう。しかし、こんな論理は決して「リアル」では通用しない。

たとえば、職場であなたを叱ってくる上司がいるとする。叱る理由も色々あるだろう。

私怨とか、機嫌が悪いとか、理不尽な理由もあるかもしれない。インフルエンサー的世界観に則るなら、この上司はアンチである。アンチ-アンチして、断固として拒絶せねばならない。

でも、世の中そんな人ばっかりじゃない。**上司はあなたのアンチではない**。ツイッターで他人を攻撃するような人は、社会のごくごく一部、よりもっと少ない超特殊事例だ。**あなたに苦言を呈してくる人は、ふつうはアンチではない**。

ＹｏｕＴｕｂｅｒに倫理観を教わったＺ世代は、世の中で自分を傷つける人はぜんぶアンチだと思っている。で、それにはちゃんとアンチ-アンチしないといけない。だって、大事な大事な推しは、そうしているんだもん。

このあまりに単純で安易な世界観が若者に着実に浸透しつつあることを、筆者はけっこう危惧している。

世界を推しとアンチに分断するというあまりに安直で、そして便利な世界観は、ＳＮＳ隆盛の現代においていっそう加速している。そして、集客によって金を生み出すという仕組み、つまり**むき出しのビジネスの論理がその加速装置として機能している**ことは、見逃せない事実であろう。

ビジネスの世界では、セグメンテーションといって、想定する顧客を細かく区切るのが当たり前である。で、マーケティングはその顧客だけを向いておけばいい。20代女性向けのサービスは、30代男性の筆者には決して刺さらないし、刺さる必要もない。

この「向いてる方と向いてない方」を分断するのが現代のビジネスの基本論理であり、この応用がアンチ－アンチなのだ。インフルエンサーは客の方だけ向いておけばよくて、アンチは無視するか攻撃するのが正しい。繰り返すが、これはマーケティングの有力な手法というだけであって、人生の指針として正しいかはまったく別である。

不安ビジネスとZ世代

金が絡むとこんなに人は強くなる。経営学者をしているとひしひし感じる。経営学のおもしろさの1つに、日々新しい現象が起きることが挙げられる。ＣｈａｔＧＰＴ（生成ＡＩ）は世界に衝撃を与えた。その裏にはＧＡＦＡといったグローバル巨大企業によるＩＴ業界の隆盛があり、世界中のお金と人材が集中することによるビジネスの力があることは歴然である。

消費の対象として脚光を浴びているZ世代は、余計にビジネスの影響を受けやすい。ビジネスをバックボーンとして急拡大したSNSやインフルエンサーの影響を強く受けて、若者は日々を過ごしている。

テーマパーク化された世界観の中では、一切の不快を排除し、楽しさだけを得ようとする。**金を払うことを条件としてほんのいっときだけ許される愉悦**である。曇りのない楽しさに身を委ねるのが、Z世代がハマる現代のビジネスなのだ。

ここからは別の角度から「現代のビジネス」について考察したい。キーワードは「**不安**」である。

あなた、クサくないですか?

ファブリーズという商品がある。P&G社のヒット商品で、皆さんにもなじみがあるだろう。この商品は「模範的」だとして、マーケティングの教科書に載ったり、経営学部の授業で登場する機会も多い。いったい何が模範的なのだろう。

ファブリーズが発売されたのは1998年。Z世代にとってみれば、ちょうど生まれる前後に発売された商品ということになる。筆者が小学校のときなので、筆者はリアルタイムでファブリーズの発展を見てきた世代だ。

マーケティングの観点から見てファブリーズが優れていること。まず**需要の想起**が挙げられる。使用場面を容易に想像しやすいのだ。たとえば、子どもが外で遊んで帰ってくる。汗や土でクサい。だから玄関や子ども部屋にファブリーズを用いる。どんな場面で使うのか、非常にわかりやすい。2017年の広告を見ても、有名タレントを用いて、次のようなキャッチコピーが謳われる。

「息子のニオイに戸惑う母」
「夫の寝汗から逃げたい妻」
「スーツのニオイが気になる男」

どんな人がどんな対象にファブリーズを使うべきなのか非常に理解しやすい広告で、たしかによくできている。

ところで。本書を読んでいただいている方、今まさに読んでいるあなたに（ほんとうに失礼ながら）訊きたい。**あなたはクサいですか？**

失礼きわまりない質問にムッとする方もいるだろう。と同時に、いや絶対クサくない、と言える方はどれだけいるだろう。ウッと言葉に詰まるのではないだろうか。実は自分のニオイは、限りなく知覚しづらいものの1つである。

つまり、ファブリーズのもう1つの凄さが浮かび上がる。ファブリーズの広告を見る。あ、子ども、夫、自分、クサいな。ファブリーズ使わなきゃな。そうやって買った人は、たぶん次も買う。クサくなくても、クサくならないように、とりあえず買う。この購買サイクルに入ったとき、もはや**ファブリーズには原因としてのニオイすら必要なくなる。**

ニーズがあるから、何か解決したい問題があるからモノを買う。これがふつうである。しかしファブリーズは「におうのではないか」という知覚を植え付けることに成功すれば、もうニオイすら必要ない。客がクサくなくても売れるのである。

言ってしまえば、クサいかもしれない、におうかもしれない、という**不安を想起させた時点でビジネスとして「勝ち」**なのである。もうクサくなくても買ってくれるようになるからだ。不安は、うまく使えば実に有効な手段となる。

おまけとして、とあるお母さんのセリフを載せておきたい。

「うちは子どもがクサくてもファブリーズ買ってませんよ。外で遊んできた子どもとかクサすぎて、ファブリーズ使ったところで、においは消えませんからね」

友達と違ってたら嫌ですよね

はっきり言おう。不安は金になる。特に、友達のことばかり見ていて、判断能力や知識が十分でない若者は、かっこうのカモである。次章で詳説する就活（就職活動）なんか、もはやとんでもないことになっている。

こんな場面を目の当たりにしたことがある。1年生向け授業で「就活ガイダンス」が行われた。就活仲介サービスの企業から人が派遣されてきて、就活のアレコレについてレクチャーするのである（マジで、現代の大学ではそういう努力をかなり払っている）。とある企業の方が登壇し、授業も終わりかけた頃。その方は待ち構えたように、終わりの言葉を言ってのけた。

「皆さん就活は、今のうちから、1年生から始めましょうね。**隣の友達が内定を持っているのに、自分が持っていなかったら嫌ですよね**」

衝撃を受けた。思わず口が滑ったというより、台本を読み上げるような言い方だった。

つまり誰かに指示されて、意図的に発信したのだ。

このエピソードからわかることは2つ。まず、企業は学生を脅して、**不安を煽ってビジネスチャンスを得ることに躊躇がない**。そして、**学生は友達に弱い**。よく知っている。よく調べている。名のある大企業だけあって、市場調査もきっちりやっているのだ。

授業後、私は興奮してまくし立てた。君ら、ナメられてるよ。ちょっと不安を煽ったら、ほいほい就活やるんだって思われてるよ。それでいいのか。そもそも就活って、友達と内定を比べるためにやってるのか……。

でもそんな説教、きっと意味のないことだ。大学の先生みたいな人がいくら叫んだって、Z世代は聞く耳など持たない。ましてや怒気をはらんでいる。怒っている人はアンチだから視界から消すのが良い（と、本当に教わっている）。

そして学生は、前を見ずに隣を見る。就活やる〜？　メンドイなあ、でもみんなやるならやろうかなあ……（コイツがやるならやるけど、コイツをちょっと出し抜くくらいのとこから内定ほしいなあ……）。

なお、この話を学生にしたところ、同じ業者が別の場面でこう言っていたと教えてもらった。

「皆さん、大企業行きたいですよね。中小企業じゃ嫌ですよね。だから就活頑張りましょうね」

不安には根拠がない

なぜ若者はこんなに不安に弱いのか。件の就活サービス企業の方は、ぱっと見て大卒数年目で、若そうだった。大学生とたいして変わらない。そんな人に言われただけで、なぜ不安になるのか。アホなのだろうか。違う。**不安という概念自体が、実に扱いづらい、不思議な性質を持っている**のだ。

ニクラス・ルーマンという著名な社会学者と、山岸俊男という著名な心理学者がいた。一見して国も分野も違うこの2人の学者には、「**信頼**」概念について深く掘り下げた智者であるという共通項がある。そしてこの二者は、おそらく互いのことを意識も認識もしていなかったにもかかわらず、同じ結論を導いている（と筆者は解釈した）。**信頼には根拠がない**、のである。

われわれは、思ったより多くのものを信頼して生きている。かつ**たいした根拠なく信頼している**。たとえばスーパーにて、まずい野菜を売られたらどうしよう、高く値付けされててボラれたらどうしよう、などといちいち気にして購買している人は少ない。もちろん、品質や高い安いはいつも気にするし、実際に消費者を騙すような結果になることもある。だからちょっとは気を付けて買い物をする。でも、だいたい騙しはしないし、なにより**気にしても仕方ないので信頼する**。信頼に根拠は要らないのだ。

そして、**不安にも根拠は要らない**。親友に裏切られたらどうしよう。陰で笑われていたらどうしよう。自分だけ流行に遅れていたらどうしよう。今、何の不自由もなく友達と一緒に人生を楽しんでいても、それが明日には瓦解しているかもしれないと不安になることに、根拠は必要ない。そして根拠がなくてもそう思ってしまった時点で、不安は腫瘍のように心身に巣食うことになる。

自分はクサいかもしれない。自分は社会で落ちこぼれるかもしれない。何の根拠もないけどふとそう思ってしまった瞬間に、人はいとも簡単に不安に駆られるようになる。

反実仮想のジレンマ

「もし……」という不安に駆られたときに、どうすればいいのだろうか。たとえば1年生から就活をしないと落ちこぼれて嫌な思いをするよと言われたとき、どうしたら望ましい未来を得られるだろうか。理想を言えば「1年生から就活をした自分」と「しない自分」を比較して、結果を見てから決められれば最高だ。これを**反事実的な世界との比較**と呼ぶ。反事実的な、を略して「反実」とよく表現される。

しかし、当然、これは現実的に不可能だ。不可能だから「反実仮想」だ。不可能なのだけど、有効だ。ランダム化比較試験（RCT）という科学的にきわめて信頼性の高い手法があるくらいで、比較というのは、(うまくやれば) 簡潔ながら非常に効果の高い手法なのである。

筆者の講演を聞いてくださった方が言っていた。

「私、最近、それ（ヽ）ができるようになったんですよ。服とかめちゃくちゃ欲しくなったときに、買った自分と買ってない自分をイメージして、比較して、買わない自分でも変わらないな、って思えたら買わない、ってことをできるようになって」

なかなか頭を使っておられるし、心も強い。賢者である。しかし、子を持つ母でもあるその人は、こうも言っていた。

「私、自分がたいして頭良くないって思ってるから、子どもには頭良くなってほしい、アホになってほしくない、って思うんですよ。だから早期教育とか、お金かかるけど興味あって。で、もし早期教育させなかったら……今塾に行かせずにアホになってしまったらって思うと、やっぱお金出しますよね」

賢者であろうと、自分じゃないからかえって判断ができなくなることもある。反実仮想は不安を払拭する有効な手段たりえるが、決して容易ではなく、強い頭と心が求められる。Z世代が残念ながら「いい子」で満足しているようでは、到底難しいことかもしれない。

客じゃなくなる試練

唐突に若者ディスが入った。偏見を承知で言う。**若者の少なからずはメンタルが弱い**。傷つきやすい。怒られ慣れていないのも無関係でないと思う。すぐ周りを見て、すぐ比較して、すぐ自信を失って、すぐ「病む」。いくら褒めても、一度叱ったりして自信を失えば賽の河原である。そりゃ大学で保護者会が必要だよなと思ってしまう学生は、残念ながらごまんといる。

そういう人は残念なことに、会社に入っても嫌なことだらけだと思う。会社も相当甘くはなっていて、内定式を保護者に公開した企業（！）がニュースで紹介されていた。さらに酷いことには「新しくて意欲的な取り組み」のように称賛されていた。会社もユルくなってる。とはいえ、会社は大学よりもっと周りが必死で、結果にシビアだ。なんでも他人にしてもらって当たり前の人にはかなり生きづらい。

お客さんは幸せである。金さえ払えば気持ちよくさせてくれるからだ。テーマパークは最高だ。でも、**仕事はそうじゃない**。むしろ金を貰っている。だからしんどいこともしないといけない。そりゃ楽しくないわけだ。結果として、仕事も人間関係もうまくいかない。上司はウザい。怖い。嫌い。上司が嫌すぎて、ＳＮＳで現実逃避して自分をいたわっていると、こんなツイート（現ポスト）が目に入る。

「あの新人は指示待ちで使えないって言われてる人のほとんどが、声のかけ方で改善するので、教える側の要因が９割だと思っている」

若者は安心する。あっ、よかった。自分は悪くなかったんだ。やっぱ上司がダメだったんだ。

有料の蜘蛛の糸

先述のツイートは、本当にあったツイートを模したものだ。筆者が確認した時点で、7500以上のリツイートと、3・3万以上のいいねがついていた。多少内容を改変しているもののほぼ同じ内容である。

ツイート主のプロフィールを見てみる。「人生の攻略法を呟く人」「ライフハック」「心を軽くする考え方」「フォローで自己肯定感と幸福度アップ」……。おお、なんと頼もしい。大学の先生とは比較にならないほど役に立ちそうだ。

そしてこの方、「SocialDog」というアプリケーションを使って投稿していた。実はこれ、SNSで事業をする人のためのツール。つまり**このアカウントはビジネスアカウント**、何か売るためのアカウントなのだ。何を？　ズバリ、情報商材である。ライフハックとか自己肯定感アップ法とか、ありがたい教えを有料で教えてくれる。ちなみにこの方は、『社会人1年目の教科書』みたいな本を出したらしい。やっぱり若者はマーケティングの対象として注目されている。

こういう商材を売っているアカウントを探して、晒して批評しているアカウントがあっ

た(世の中、なんでもあるものだ)。曰く、

「このアカウントは数年前まで仮想通貨の投資について扱っていたが、全然売れないので方向転換したようだ」

「フォローもフォロワーも似たようなアカウントばかりで、ツイッターでお金を稼ぎたい人を集める無限の迷宮が広がっている」

「この手のアカウントはバズってフォロワーが伸び、商材が売れればよいので正確性や倫理観などどうでもよい」

「そもそもこのアカウントも、どこかで商材を買っている客でもある」

もうなんか、ビジネスの無間地獄だ。

つまり、上司が嫌で現実逃避したくてSNSに救いを求めると、いかにも自分を救ってくれるような都合の良い情報が流れてくる。でもそれは結局ビジネス目的で、何の根拠もない言説だったりする。ネットでは、蜘蛛の糸すら有料だ。不安にまみれるあなたを救ってくれるように見えるものは、往々にしてビジネスの網を広げてカモを待っている。

なお、「私はそんなの買わない」というご意見は、立派だが本質ではない。情報商材が売

れるかは別として、売るための発信が大量になされることが問題の所在だからだ。根拠が不確かで、そして都合の良い言説がたくさん垂れ流される。ネットを見ると、上司を糾弾して若者を擁護する言説ばかりだ。そして若者の目に触れて、それは「誰かが言ってた事実」になる。こうやって、事実は社会構成されていく。

客がつかなくても、ビジネスにならなくても、発信だけはなされて、われわれの目につくところに「事実」は現れ、拡散していくのだ。

経営者化する社会

現代とは、確実にビジネスの論理が浸透した社会である。そしてビジネスで成功するにおいて、不安はあまりによくできた便利な道具となる。若者はピュアであるがゆえに他者に感化されやすい。若者はオトナの映し鏡で、オトナをデフォルメした言動をしがちである。

たとえば、お母さんが小さい子どもの前で愚痴る。

「ほんとに、パパってダメね」

理由は色々あるだろう。洗濯物を出さないとか。家で寝てばっかりとか。寝汗がクサいとか。ママはダメ出しするけど、ネタで言ってるだけで、ほんとはパパへの信頼もあるし（信頼に根拠は要らない！）、パパのことを好きだから言ってるのだ（と信じたい……）。

ところが、それを聞いていた娘が、真似して叫ぶ。「パパってダメだね！」。かわいらしいと思うと同時に、そのピュアさにゾッとする。残酷なほどに、子どもはオトナの言動を純粋化して表現する。

だから若者は興味深い。若者は、オトナが作った構造の中に在って、よりピュアに反応し、行動する。若者を観察することで、オトナであるわれわれがどんな構造の中に在るかがわかるのだ。若者が頼りないなら、頼りなくたらしめているモノが。若者が輝いているなら、輝かせているモノがある。それを突き止めれば、それを作ったオトナたちに突き当たる。

筆者の執筆動機も、そこに尽きる。あまりに理解し難い若者を理解しようとすることで、現代が、自分の生きている時代が理解できるようになる。この章では若者への悪口・非難が目立ったかもしれない。でもそれは、ねらいではない。

じゃあここに書かれていることは、昔はまったくそうじゃなかったか。自分は埒外なのか。われわれは、そう自問すべきであるし、そうすることで自分にとっての新たな発見があるはずなのだ。

さて、もう1つコンセプトを提供したい。**われわれは経営者化している**。現代では、いわば経営者化する社会が確実に進行している。

パフォーマンスなきコスパ

若者を象徴する概念に「コスパ」「タイパ」がある。コストパフォーマンス、タイムパフォーマンスの略語である。動画や映画を倍速再生して視るという「異常な」現象が観測され、その根拠がタイパである、といった話が昨今話題になった。

若者のコスパ志向・タイパ志向は必要なものを切り捨てており、それこそ効率化された社会の権化である、と言われることが多い。ここでは別の角度から考えてみたい。つまり、**そもそも若者がなぜコスパを気にしないといけないのか**、という問題である。

コスパという言葉も多義的である。こんな美味しいランチが500円ってコスパ良いね～という使い方なら、そんなに批判は起きないだろう。残業ってコスパ悪くないですか？と言って若者が仕事を拒否したら、批判の嵐である。

大学生を念頭に置くと、次のような場面をよく目にする。学期が始まって、授業1〜2回目。友達と駄弁りながら学生が言う。

「あの授業、コスパ悪いから切ったったわ」

要は、課題が多いとか出席確認が厳しいとか、「ダルい」授業だったから履修を止めたということだ。なお、なぜかこういうことを言うときの学生はちょっと誇らしげだ。

このコスパの用法はとても若者らしいと同時に誤用を含んでいる。この学生さんは、コストがかかる、つまり授業に出ないといけないとか提出物を求められることを理由に、授業の履修を打ち切っている。つまりコストは節約できたとして、**対価としてのパフォーマンスは何も得られていない**。

もちろん、ここで言うパフォーマンスはまず「単位の取りやすさ」だろう。「神」と呼ばれる大学の先生たちがいる。単位を楽に取らせてくれる先生のことだ。無作為を神と崇める社会がかつてあっただろうか。筆者はいつも自分の存在意義について自問自答している。話が逸れた。単位の取りやすさをパフォーマンス指標として採用し、このコスパを鑑みて、履修を打ち切った。まあ、それはいい。

でも、その対価として得られたものは、特にない。時間を得たとして、それは別にパフォーマンスではない。授業がダルくて来なくなるような人が空いた時間でできることなんてせいぜいYouTubeを視るくらいなので、パフォーマンスも何もあったものではない。

つまり、コスパ志向の罠とは、コストを惜しむあまりパフォーマンスを何も得ていないということが往々にして起きる点にある。コスよりパの方がよほど大事である。でも、**コスパとのたまう人のほとんどはコストを惜しんでるだけのケチなので、残念ながら別にたいしたパフォーマンスなど発揮できてはいない。**

コスパはパフォーマンスありきの概念であるはずなのに、いかにコストを減らすかという話になぜか主眼が置かれがちである。

経営者化する人々

ではなぜ、コスパなんて概念が流行るのか。コスパは、誰のためのものだろうか。

コスパは、端的には**経営者が経営に用いる指標**である。ROIとかROEといった指標がわかりやすい。ROIはReturn On Investmentの略で、投じた費用に対してどれだけの利益が出たか。ＲＯＥはReturn On Equityの略で、株主の出資金を元手に企業がどれだけ利益を上げたのかという、株主目線のコスパ。これらが、保守本流のコスパの意味である。

つまり現代とは、経営者に求められるような指標を、当たり前のように一般人に転化して用いている時代であり、**あたかもわれわれ一人一人が経営者であるかのように、コスパに監視の目を光らせる時代**なのだ。授業を切ったことを仰々しく友達の前で発表するさまは、あたかも株主総会で事業の打ち切りを伝える経営者のようだ。話していることの軽重にかなりの差があるが。

第1章では、ＳＮＳを介して他者の目に怯える若者の言が語られた。一般人ですら、言動を監視され、炎上を恐れる。まるで一挙手一投足が株価に影響するがゆえに注目される経営者のようではなかろうか。実際のところ、**若者は自分の「株価」を異常に気にしている**。株価を下げないように生きて、たまに粉飾決算をする。

「コンプラ」も同様である。コンプライアンスの略語。昨今ますます浸透すると同時に、その息苦しさを訴える声も小さくはない。２０２２年のＭ－１グランプリで、毒舌を武器とするウエストランドさんが優勝したのも、反動を期待する世相の反映とはいえよう。

コンプライアンスは、本来は企業が守るものである。もちろん結果的には企業を構成する従業員も遵守しないといけないのだけど、企業の舞台でのみ求められるもののはずが、若者の私生活にまで侵食して、コンプラ遵守を求める。まるでわれわれ個人が、経営者であるかのような、張り詰めた社会。

しかし当たり前だが、われわれと経営者は異なっている。経営者は多くの責任を負い、激務や大任を負い、その代わり大きな報酬を得ている。われわれは別に何のリターンもないわりに、**経営者のごときリスクを負った、大きな判断を迫られているかのような生き方をしてしまっている**。それこそ経営者のように、わずかな失敗も許されない、ストレスフルな日々を送っている。

経営者化するZ世代

経営者化は若者にも迫っている。現在の高校では「総合的な探究（学習）の時間」に、大学でするような難しいことに取り組むところが少なくない。たとえば（何のことかわからないかもしれないが）質問票をもとにした回帰分析なんかをやってたりする。まさに高校の大学化である。

現代的な教育の定番メニューが地域おこしである。地域から課題をもらってきて、ビジネスによって解決する。地域の名産品を使った新メニューを考えたとか、商店街を活性化させるビジネスプランを考えたとか。高校教育も着実にビジネス化しており、経営学者はそこにおおいに加担していることもある。

傍目に見て、えらい難しいことをさせているなあ、と思う。だって、地域おこしなんてオトナですら失敗し続けている、世紀の超難問である。地域経済を振興するというのは重大な社会課題であると同時に、高校生が貢献できる域をはるかに超えている。

その結果として、オトナがおおいに介入することになる。**難問すぎて高校生だけでできるわけがないので、先生の負担が増える**というわけだ。本当に小中高の先生には頭が下がる。しかもそれらの先生が教職課程で習ってないことばかり現代では求められる。ほんとに、どうやって教えてるのだろう、という感じだ。

いや**実際、教えられてはいない**のだ。プレゼンを伴う大学の推薦入試やＡＯ入試では、こんなプロジェクトをやりました！　という高校生がたくさん受験に来る。いずれもオトナ顔負けの一大プロジェクトだ。ところが、質疑となると芳しくない。ぜんぶ先生の言う通りにやってきました、ってのが透けていて、「自分でやったこと」がかなり希薄なのだ。**経営者のやるような難題をふっかけて、難しすぎてできないので結局オトナがしりぬぐいをしている。**これが高校の大学化教育の偽らぬ現状であろう。

２０２２年４月からは高校家庭科で金融教育が始まった。ほとんどの家庭科の先生は間違いなく、教職課程で金融を（指導できるほど）学んでいない。案の定、民間の金融系企業に講義を外注する流れがあるらしい（ビジネス化する社会！）。

学校に過ぎたるものを求めた結果、どうなっているのか、求めている側も立ち止まって考えてみるべき時期に来ている。高校生に経営者化を求めた結果、現実はどうなっているか。期待された成果は、本当に得られているだろうか。

若者のいる現代社会はビジネス化の一途をたどっている。Z世代は消費のターゲット層として注目されていて、いかにZ世代に金を払わせるか、いい大人がこぞって知恵を絞っている。

そして企業はあまりに鋭利に個々を刺しに来るので、判断能力のない若者がそれに抗うのは難しい。買いたいものがありすぎて、あまりに世界がキラキラした若者たち。テーマパークと推しの一点の曇りもない輝きに耽溺し、不快の根源であるアンチを憎む。

また、不安はビジネスの種になることに企業側は気付いている。知識がなくて意思決定が拙い若者はかっこうのカモである。こんなに不安がうずまく背景には、個々の一般人にすら経営者のような才知や責任を求める「経営者化された社会」があるのだ。

集約すれば、不快と不安こそが、ビジネスの原動力とすら言えよう。お客様の不快と不安をお金で解決しますよ、というのがビジネスの基本型であり、消費の主役である若者は、住処に居ても、ビジネスにまみれることになる。

次章では、Z世代をねらった不安ビジネスとしての「就活ビジネス」にフォーカスしてみたい。若者をとりまく就活のリアルが、おそらくは驚くような不都合な現実が、垣間見えるはずだ。

Z世代の声②
Z世代は消費の主役らしいですが……

「高校で金融教育」の話がありましたが、最近塾バイトで担当している生徒が実際に授業を受けたみたいで、質問攻めにあいました……
先生、簿記もってるんやろ、みたいな

平均年収30〜40万円のZ世代から奪うの!?

将来的に消費の主役になるというならわかるが、いま消費の主役だというのは違和感が残る

TikTokを1年目のときから使っていました。そのときはダンスやおもしろ動画しかなかったです
受験期に一度アプリを消して、1年くらい経って再インストールしたら、お店や観光地の紹介動画、就活情報の動画が増えてました
TikTokも徐々に後ろの世代に移ってきて、最初期のユーザーがいなくなっているのが現状だと感じています

僕らZ世代がマーケティングの対象となっていると知り、不思議とどこか嬉しかった

若者にも人気があるポケモンは、ゲーム、アニメ、グッズ販売、カフェ、など老若男女に刺さるマーケティングをしていると思う。しかも、日本だけでなく世界に
これはZ世代「向け」ではない？

第3章

唯言が駆動する非倫理的ビジネス

——開かれたネットワークの閉じられたコミュニティ

哲学者たちが語──「知識」「存在」「対象」「自我」「命題」「名」など──を用いて、ものの本質を把握しようとしているとき、ひとは常に次のように問わなくてはならない。いったいこの語は、その元のふるさとである言語の中で、実際いつもそのように使われているのか、と。

われわれはこれらの語を、その形而上学的な用法から、ふたたびその日常的な用法へと連れもどす。

ルートヴィヒ・ウィトゲンシュタイン『哲学探究』

若者を求めるビジネス

先ほどの章までは短い挿話を連ねながら、若者の性質と若者が置かれた環境について考察してきた。この章ではある1つの事例――「モバイルプランナー」から、現代において若者を求める二種のビジネスについて深掘りしたい。「非倫理的ビジネス」と「就活ビジネス」である。

いずれも、若者なしには成立しないビジネスとなりつつあり、悪く言えば若者を利用している。お金を払って客になっていることもあれば、お金をもらって労働力として関与することもある。お金をもらわずに労働力になることすらある（！）。

ビジネス化する社会において見過ごせない、若者のリアルを見ていただきたい。

ワルいビジネスとZ世代

世の中には、悪徳商法とか、悪いビジネスみたいに言われるものがある。多少まわりくどい言い方なのを承知で、本書では「非倫理的ビジネス」と総称しよう。

例を挙げると枚挙にいとまがない。2019年、京都にて男子大学生4人が逮捕された。繁華街で女子大生をナンパし、自分のバーに連れ込み、高額な支払いを要求。数百万の借金を抱えさせ、返済のために風俗店で勤務させるという暴力団顔負けの悪質ビジネスに関与していた。

年間7000万円以上の紹介料を荒稼ぎしていたらしく、被害女性は「とにかくイケメンで、気が付いたら借金を背負ってて……」と述べている。同じような「ナンパ師」が20人くらいいたらしく、これら大学生はいずれも名門・有名私学の現役学生だった。このケースでは、被害者も加害者も学生が主体だった。

コロナ禍で流行ったのが給付金詐欺である。コロナ禍で経営悪化に苦しむ中小企業や個人事業主向けの「持続化給付金」をめぐって、要件に当てはまらないのに不正に受給していた申請者が多数摘発された。摘発された容疑者・被告には大学生が非常に多いそうだ。緊急性を鑑みて「ばらまき」気味に給付されたものの、給付を受けるに適格なのかの追跡調査はきちんと行われていたのだ。行政としては理想的な動きであろう。

知り合いが詐欺に関わっていたという学生の話を聞いたことがある。

「先輩から、簡単に儲かるバイトがあるよって言われてやったらしくて……今になって、なんとか返そうと焦ってるらしくて」

何が「なんとか返そう」か……浅はかとしか言いようがない。

言ってしまえば大学生は、（特にコロナ禍では）時間を持て余していて、社会経験に乏しくて、場合によっては倫理観が欠如している。怪しいビジネスの駒として使うにうってつけだ。

注意すべきは、逮捕された学生たちは、いずれも誰かの駒になっていたにすぎないことである。京都の「女衒」事件でも、首謀者は24歳の男だったし、きっとこの男にも黒幕やブレーンがいる。給付金詐欺も、裏で絵を描いているヤツがいるに決まっている。

「書類に名前を貸すだけで10万円だよ！」と言われて、書類にサインしてハンコを押す。やった、10万円ゲット！　でも、元締めは給付金詐欺で100万くらい得ている。しかも、先に追及されるのは名前を貸した若者で、その間に黒幕は雲隠れしているかもしれない。

2018〜19年の京都では、中学生が大麻を所持したとして逮捕されている（京都、大丈夫か？）。これまた、知り合いが関与していたという学生の話を聞いた。

「別に普通のヤツだったたんですけど……友達から誘われたみたいで、断れなくて」

「私の地元、ヤンキー文化みたいなのが生きてて、先輩に挨拶行かないといけないんですよ。そこで無理やり買わされたらしくて」

トモダチのネットワークが、ここでも利用されている。

怪しいビジネスとZ世代

ここに挙げたものはいずれもはっきりした「犯罪」であり、「非行」である。しかし非倫理的ビジネスには、もうちょっと法的にグレーなものもある。たとえば連鎖販売取引（マルチ商法）だ。よく誤解されていることとして、マルチ商法そのものは違法ではない。しかし、社会から白い目で見られていて、レッテル貼りをされていることは事実だ。大学生がマルチ商法をしているとして、「個人の自由」とか「本人がよければいいじゃない」とは、なかなか言い難いだろう（……本当だろうか。われわれはいつまでそう言い切れるか）。

で、そのマルチ商法にも、若者が関わっている。国民生活センターによると、マルチ商法に関する相談を年代別に分けると20代がここ10年くらい最多となっており、近年は実に4割を数える。マルチ商法は「ビジネスをやっているように見える側が顧客」なのがポイントで、若者はマルチ商法を担うメイン層となっているのだ。

Z世代はなぜ非倫理的ビジネスに

なぜ若者は怪しいビジネスに走るのだろうか。お金目当て、友達がやってた、あたりは察しのつく理由だ。報道では「やりがい」も挙げられる。自己肯定感や承認欲求という、これまた現代を表現しやすい概念で、説明がなされる。読者の皆様も、身近な例を含めてイメージしてみてほしい。若者はなぜ、非倫理的ビジネスに関わってしまうのか。

ここで興味深いデータを提供しよう。警察庁と総務省の発表したデータから、「刑法犯で検挙された男子の年齢別人口比」を調査した研究がある。ざっくり言えば、犯罪で捕まる人（男性）は、だいたいどの年齢層なのかを調べたわけだ。

実は昔から、圧倒的に犯罪の割合が多いのは10代である。いわゆる非行をイメージすれば理解しやすい。傷害や窃盗をはじめとして、10代が一番犯罪をする。みんな「昔は悪かった」って言うはずだ。

ところが、この傾向に、２００６〜16年の約10年間で大きな変化が起きている。**10代の割合が激減しているのである。**端的には、若者、特に10代は犯罪をしなくなっている。それはきっと「いい子」になっている証しであって、良いことのはずだ。……たぶん。

同時に、「いい子」が犯罪をする、特に重大犯罪に関与する現象も注目されている。たとえば大量殺人を犯すようなヤツは昔から非行が多くて……みたいなイメージがあるかもしれない。しかし秋葉原通り魔事件をはじめ、「従順でしたよ」「別にフツウのヤツだったような……」と言われるような人が、つまり**表面上は「いい子」**が、どこかでキレて、糸が切れたように凶悪犯罪に走るという像も共有されてきた。

筆者は犯罪の専門家ではないし、これらは社会的に構成されたイメージにすぎない部分もある。ただ、非行にビジネスが絡むとき、特にそこに関与する若者を分析するための知識として、以上の情報を提供しておきたい。

さて、以降が実際に起きた事例である。その名もズバリ「モバイルプランナー騒動」とでも銘打っておこう。

モバイルプランナーと友達商法

モバイルプランナーと言われて、どんなものがイメージできるだろうか。ひらたく言えば、ａｕショップとかドコモショップに行けば店員さんがいる。この方々にスマホの契約を相談すると、こんなプランがありますよとか、今の利用状況だとこっちのプランが安いですね、とか教えてくれる。これが社会通念的なモバイルプランナーである。

本章で扱うモバイルプランナーは「無店舗型」と呼ばれ、一見はどこの会社にも属さず、フリーランスでスマホの契約見直しをするような仕事だ。典型的な例を紹介しよう。

友達への営業

学生さんがインスタを使っていると、ＤＭ（ダイレクトメッセージ）が来た。誰かと思ったら、小学校のときの同級生。え、懐かしいな。突然なんだろうと思ったら、

「久しぶり！　実は今モバイルプランナーっていうのをやってて、スマホの契約について話聞いてくれないかなと思って」

てな感じで、営業メッセージが届くのだ。うわ、めんどくさ、と思って既読スルーすると、

「ちょっとでいいから話聞いてくれない？　インターンで営業の練習しててさ、なんか売りつけたりはしないから！」

と追撃がある。「マルチや宗教じゃないから！」「怪しいビジネスとかじゃないから！」などもありがちだ（そう言ってる時点で怪しい）。余談だがこういうときZ世代は、「むしろ金目当てのほうがわかりやすい、そうじゃないほうが怪しい」と思うらしい。資本主義が一周回った感がある。

さて、戯画的に描いたものの、だいたいこれがモバイルプランナーのリアルである。もちろん文面にはバリエーションがある。ただ、「友達から連絡がくる」「営業をかけられる」「スマホの契約の話をする」といったあたりは共通項である。

実は筆者がモバイルプランナーの話を知ったのも、ふとしたことからであった。学生から、「先生、モバイルプランナーってご存じですか？　これって詐欺ですか？」と訊かれたのだ。何それ？　というところから調査が始まった。なおその学生曰く、「小学校で仲良かったヤツが、DM送りまくってるらしくて。何人かははっきりブロックしてるし、あいつヤバいな、関わらないでおこうって言われてて、いたたまれなくて……」と話していた。

テレビ報道と「友達商法」

Googleトレンドで「モバイルプランナー」を検索してみる。2004年から11年くらいまでは一定の検索頻度があって、以降ほとんど検索されなくなる。ところが、2020年初頭あたりに検索が増え、2022年6月に急増する。6月、何があったのか。

答えを先に言えば、報道番組で扱われたのだ。若者はテレビなんか視ないよと言われつつあるけど、やっぱりテレビは強い。余談だが筆者の印象では、昔ほどかじりついて視ていないというだけで、若者はまだそこそこテレビを視ている。

2022年6月、関西の主要民放の報道番組が「友情商法？〝モバイルプランナー〟の実態」と題して、特集を組んだのである。内容は、ここまで概ね説明した通り。学生の間でモバイルプランナーなるビジネスが流行っていて、ラインやインスタでしつこく勧誘がくる。いくつかの大学では注意喚起されていたことも取り上げられた。某有名私立大における4月の新入生ガイダンスでは、学生部の方が次のようにアナウンスする様子が流れた。

「友達商法と呼ばれる『モバイルプランナー』などがあります。聞いたことがあるよという人は？　……ちょっとおられますね。けっこう今流行っています。残念ながら流行ってしまっています」

ちなみにこれが「流行っている」ことについて、もし本書で初めてモバイルプランナーを知った方がいたとしたら、それこそが第2章で述べたように、現代において情報が偏在し、「隣が視えなくなっている」ことの証左である。**根本的に、若者の流行りはわれわれから視えなくなっている。**

つまり、友達をしつこくビジネスに勧誘する「友達商法」が若者の間で流行ったのだ。若者は友達に弱いことを利用した、なかなか芯を食ったビジネスモデルである。そして、いくつかの大学では明示的に問題視され、注意喚起がなされた。

インターンとガクチカ

もう1つ、この報道番組の中心となったのが、とりまとめ業者の存在である。無店舗型といいつつ、やはり裏で操っている業者がいるというのだ。

モバイルプランナーに従事した学生の多くは「インターン生」という肩書を持っていた。

つまり、どこぞの会社に雇われているということだ。ある会社でインターンをしていて、営業の練習でモバイルプランナーに……という流れが確立されていたのである。

インターンに従事する動機に「ガクチカ」がある。ガクチカは本章の超重要概念であるものの、ここでは簡潔に。ガクチカは「学生時代に力を入れたこと」の略語で、就活の面接で必ず聞かれる必須項目として広く認識されている。

学生は皆いずれガクチカを話さないといけないので、学生生活ではインターンなりバイトなり、他人に話せるような「ガクチカを作る」必要があるとかなり強く刷り込まれている。なんなら**学生は、大学にガクチカを作りに来ている**（ここに疑問を持った方は筆者と話が合いそうな気がするけど、とりあえず進めましょう）。

つまり就活のガクチカのためにインターンをやろうとしてて、そのためにモバイルプランナーを選んでいる。ところがそのモバイルプランナーは友達を売らないと成立しないようなもので、強引な営業もあいまって、非倫理的だと問題視されている。

報道番組でも就活を終えたとおぼしき学生さんが、

「冷静に〝ガクチカ〟ってなんだろうって考えるきっかけになればいいかなと思います」

と答えていた。ええことおっしゃる。**ガクチカってなんだろう**。

モバイルプランナーは悪いこと?

ちなみに、モバイルプランナーは学生に注意する程度で済まない程度の余波も生み出している。モバイルプランナーを主導していた業者・A社は、2021年の4月に総務省から是正命令を受けている。「罪状」は、「携帯音声通信事業者による契約者等の本人確認等及び携帯音声通信役務の不正な利用の防止に関する法律」への違反。要は、本人に無断で勝手に契約を書き換えたモバイルプランナーがいたらしい。明らかに違法行為だ。こういった事例も、モバイルプランナーへの白眼視に拍車をかけている。

ここまで読むと、いかにモバイルプランナーが悪辣なビジネスなのか、おわかりだろう。でも、ちょっと立ち止まって考えたい。**本当にモバイルプランナーは悪いことなのだろうか**。筆者は大学教員で研究者である。社会的信用や学生からの人気はなかったとしても、価値中立・両論併記で、自説へのカウンターを自ら考えるのが研究者の矜持だ。

そんなんええとして、筆者のゼミでこのテーマを扱ったところ、なんとゼミ生が弁護士に突撃インタビューを敢行し、しかも寛大にもインタビューを受けてもらえることになった。Z世代、なかなか果敢である。で、その弁護士さん曰く。

「モバイルプランナー事業そのものに違法性はない。ビジネススキームに違法行為を促す要素があることは事実だが『友達商法』自体を違法とすることはできない」「商売から人間関係を切り離すことはできない。弁護士も同じである」

私的には、僭越ながら、非常に公平で真摯な弁護士さんだと感じた。

商売から人間関係を切り離すことはできない。これは至言である。たとえば、保険会社の営業に配属された新卒がいたとする。その方が最初に営業をかけるのは、たぶん知り合いではなかろうか。保険などの商品は特に、親戚や知人に入ってもらうことは珍しくない。

筆者の知人も、けっこうな額の保険に入っていて、かつ「正直必要かと言われたら絶対じゃないけど、付き合いで入ってるんです。営業の方が、実家がお世話になってる方なので」と話していた。商売から人間関係を切り離すことはできない。

つまり現実として、人間関係を利用したビジネスは世にごまんとある。それが悪用かはおいといて、大手もみんなやっている。大手企業は看過して、学生インターンだけ叩くのはどうなんだろうか。アンフェアじゃないだろうか。そもそも社会の中で、人間関係をビジネスに活用することの是非は、真面目に振り返られてきたのだろうか。

そういった未解決課題を、学生にピュアに訊かれたら返答に困るような問いを、弁護士の方は突き付けているように思えた。

モバイルプランナーとZ世代

ここまではまだ前座である。お楽しみはこれからだ。ここからは、実際にモバイルプランナーに従事した学生の直接インタビューから、さらなる「リアル」に切り込んでいきたい。筆者も学生本人に聞くまでは、ここまで述べた知識にとどまっていた。実態は、さらに入り組んだ、根の深いものだった。以降は、ある1人の学生の物語となる。

コロナ禍、ガクチカ、インターン

件の学生さんは、2021年に、モバイルプランナーに関わっていた。ユウさん（仮名）とでもしておこう。ユウさんは、当時大学2年生。

「私たちが2年のときって、コロナで全然大学行けてなかったじゃないですか。ずっと家で授業受けてて、サークルとかもなかなか行けなくて、大学に行ってる意味を見出せなかったんですよね。それで**就活のときに、大学のうちに何やってましたっていうのが答えられない**なと思ったので」

やっぱりガクチカだ。コロナ禍真っただ中、社会の犠牲者になった大学生は、ガクチカがないことに焦りを覚え、インターン先を探していた。現代の就活では、インターン経験は必須に近い。マイナビの調査によると、2024年卒予定者約2000名のうち、2022年12月の時点でインターンシップに参加したことのある学生は、累計で88・1％と報告されている。実に9割近い。

9割ということは、周りの学生もみんなインターンをしているのだろうし、ガクチカがないと焦る気持ちもわかる。

コミュ力ないので

ユウさんはもう1つ、懸念というかコンプレックスを語ってくれた。

「私めっちゃ**コミュ力が低くて。話すの苦手なんですよね。**それでインターンで、社会人の方としゃべったり営業スキルとかあったら、今後役に立つかな、就活のときでも有利かなと思って」

ユウさんは、コミュ力が低いという自覚があったらしい。**コミュ力**。現代およびZ世代を読み解く重要概念である。コミュニケーション（能）力の略語。概ね、しゃべるのが得意なことを指す。

芸能人の田村淳さんが『超コミュ力』という書籍を発売した際のプレスリリースから引用すると、

「『芸能界イチの〝コミュ力お化け〟』と呼び声の高い田村淳が、自身のコミュニケーションスキルの真髄を明かした書籍」

と紹介されている。田村淳さんみたいな方が、現代のコミュ力の象徴なのだ。なおその田村さんは、コミュ強（コミュニケーション強者）として古舘伊知郎さんや明石家さんまさんを挙げている。

コミュ力がある人を「陽キャ」と呼び、陽キャはクラスのカーストで上位に入れる。若者が楽しく生きていくためにコミュ力は必須だ。

コミュ強の対義語に「コミュ障／症」がある。話すのが苦手なことを指す。明らかにコミュニケーション障害、つまりコミュニケーションを円滑に行えない疾病が由来だと思われるものの、病気をもとにしたらマズいという配慮（？）なのか、コミュ症と表記されることもある。アニメ化された『古見さんは、コミュ症です。』という人気漫画もあるくらい、浸透した言葉だ。

なお、自信のない若者はみんなから後ろ指さされるのが嫌なので、「自分コミュ症なんですよ」と（ツッコミ不在の）謙遜をするのが慣例である。この辺り、コミュ強たる田村さんは、実に巧く表現する。

「自身がコミュ力おばけだと自覚しているか問われると『自分からコミュ力おばけって言う奴、たぶん相当痛いじゃないですか（笑）。（中略）あの人コミュ力おばけだよねっていうのは、周りが判断することであって、僕が判断しているわけではないです（笑）』」

実に模範解答だ。イケてるけどイタくなくて、絶対クラスの人気者になれる。自分からは絶対に高く見せず、平均ちょっと上感を出すことにも長けていそうだ。

で、ユウさんはコミュ力が低いので、インターンで磨きたいと思っていたわけだ。

非倫理ビジネスとの出会い方

ユウさんのモチベーションは、ガクチカのためのインターン経験と、コミュ力を鍛えることにあった。その結果がモバイルプランナーだったというだけで、「適当に探したところがモバイルプランナーだったっていう感じですね」と、ある意味では「何でもよかった」らしかった。

では、なぜよりによってモバイルプランナーに出遭ったのだろうか。モバイルプランナーは、報道番組でも扱われた怪しいビジネスである。繁華街で怪しい男に声をかけられたのか。地元で有名なワルに脅迫されたのか。

ユウさんの答えは、拍子抜けするようなものだった。

「いや、あの、Googleでインターンを探せるサイトを検索して。で、上位に出てきたサイトで『営業　インターン』で検索して、出てきたものを選んだんです」

え？　と訊き返した。**Google検索で出てくるの？**

筆者はインタビュー後、さっそくGoogleで調べてみた。まずGoogleで「長期インターン」と調べる。そうすると、広告料を払って上位に来るように設定された「スポンサーサイト」にも、また検索上位にも、ユウさんが言ったインターン専門のポータルサイトが出てきた。

そしてそのサイトで、「営業」と入力する。……3番目に、**モバイルプランナーのインターンを提供していたA社が、本当に出てきた。**総務省から是正命令を受けたA社が。実にGoogle検索から2〜3タッチである。なお、時期によって上位の何番目に来ているかはズレがあったものの、2022〜23年半ばの間は、ずっとこれで検索することができた。

インターンって、無給でも当たり前じゃないですか

とはいえ、モバイルプランナーは候補の1つにすぎなかった。他にも検索候補が出てきた中で、なぜモバイルプランナーだったのか。ここからは、筆者との会話も交えてユウさんのケースを紹介しよう。

「特に理由とかなくて。とりあえずコミュ力上げたいのと、自信つけるために営業のインターンをしたかったんです。だから営業のインターンができそうなところを4社くらいピックアップして、全部面接受けて、雰囲気が良さそうだったところがたままモバイルプランナーだったっていう流れですかね」

――探す時点で、検索してたらタイトルとか社名とか出てくるじゃないですか、あいうところに「モバイルプランナー」って、バンッと書いてあった感じなんですかね。

「いや、ちゃんとは書いてなかった気がします」

――ということは、何の仕事するかは、まだわからないというか後でわかるというか。

「そうですね。何もわからず行きました」

当初の目的は一貫していて、モバイルプランナーをしに行った、わけではないらしい。

――お給料の多さとか、考えました？　これもちろん、有給インターンですよね。

「そうですね。完全歩合制なんですけど」

ん……？　完全歩合制？　モヤッとしたが、インタビューを続ける。

――完全歩合制……。お給料とか場所とか、他の要素ってどのくらい考えましたか。

「給料はそこまで考えてなくて。インターンだから、別に無給とかもけっこうあるじゃないですか。だから無給を基本に考えてて。距離も、（駅名）だったんで通いやすいなと思って。あ、だから場所もけっこうメインで見ましたね」

インターンだから、別に無給とかもけっこうあるじゃないですか。

繰り返す。インターンだから、別に無給とかもけっこうあるじゃないですか。

これが、現代の就活の偽らざる事実だ。

学生だけの企業

さて、こうした経緯で、晴れてA社のインターンになったユウさん。後に迷惑ビジネスとして報道されるモバイルプランナー業務を、いかにこなしていたのだろうか。

――モバイルプランナーとして実際にインターンするときって、何をどういう手順でやってるのか、ちょっと教えていただきたくて。

「完全に人によるんですけど、歩合制なんで自分が動けば動くほど顧客獲得につながるって感じで。私は午前中授業を受けて、そこからアポ取った人と会ったり、交流会で人脈増やしたりっていう1日でした。夜になったら週1～2回ミーティングがあって、みんなで話し合ったりっていう感じですかね」

――そのミーティングって、誰が参加するんですか。

「もう会社全員です。学生なんですけど」

――それはA社の社員さんとインターンが集まって、という?

「A社の会社の形態的に、学生しかいないんですよね。99%学生です」

ええ……？　**学生しかいない？**

「学生がみんな集まって、今後どうすればいいか、どうやったら顧客獲得につながるかを話し合ってました。もう全員、インターン生で」

——じゃあユウさんを面接した人も学生だったんだね、きっと。

「そうですね。ただ、特殊なケースもあって、元々A社でインターンしてて、大学卒業して、そのまま社会人として居続けてるって人もいました。少ないですけど」

とりあえず、事実だけ述べておく。世の中には、**学生に長期インターンの経験を付与することを謳い、ほぼ学生だけで運営している企業が存在する。**

厳しきモバイルプランナー

なかなか衝撃の様相である。こんなモバイルプランナーって、実際に働いてみてどうだったのだろう。

――率直な印象として、モバイルプランナーって、たとえばユルいきついとか、目標が高いとかばらばらとか、楽しいとか苦しいとか、どういう印象でしたか。

「かなりきついとは思います。A社自体、長期インターンの媒体で上位に出てくるような会社なんで、人はいっぱい入ってくるんですけど、だいたい1日とか1週間とかですぐ抜けていきます。かなりきついほうだとは思います」

――きついっていうのは、競争がきつい、いわゆるノルマとか営業目標がきつい、厳しい言葉掛けたりする空気がきついっていうのがあると思うんですけど、どれの感じでしたか。

「空気は全然良くて、**人間関係とかみんな優しいし、一緒に協力して頑張ろうって感じなんです**」

理想の職場やないか。

「でも、学生でするようなことじゃないというか。普通に今まで学生してきて急に営業やれってなったら、やっぱりみんな『えっ』てなっちゃうんですよね。そういう理由でできないって思って辞めちゃう人が多いと思うし」

当然といえば当然だが、モバイルプランナーの業務はほとんど飛び込み営業だ。オトナでも避けたい程度にはきつい営業。ましてやZ世代に容易にできるものでもなかろう。

「ノルマとかも一応設定するんですけど、基本的には自分の采配で決めるんで。きついとかはないんですけど、やっぱりモバイルプランナーって、人との信頼関係だったりとか、どこまで相手にギブができるかとか、成果が挙がるまでに時間がかかるんですよね」

この辺りから如実に感じられたのは、ユウさんは**あくまでもモバイルプランナーの経験を肯定的に捉えている**ということだった。

「成果挙げられなくて途中で挫折する人もかなりの数いますし、厳しくはなるとは思います、結果出すとすれば」

――つまり要求されてる仕事自体がレベル高いというか難しいから、辞めちゃうっていうことなんですよね。

「そうですね」


モバイルプランナーは歩合給。自分で契約を取ってこないと、金銭的リターンは皆無である。飛び込みで営業して、見知らぬ人にスマホの契約替えませんかと声をかける仕事。そりゃ、きついだろう。

お客さんと出会うお客さん、営業と出会う営業

そして、もう1つ気付いたことがあった。ユウさんは、友達に営業をかけていない。先述のように、モバイルプランナーは明らかにお客さんを獲るのが難しい業務だ。そりゃ、みんな友達に契約してもらうように、友達に営業するわけである。

でもユウさんは友達に営業していない。ではどうやって顧客を得ていたのだろう。モバイルプランナーって、友達商法じゃなかったのか。

――さっき、アポを取れた人がいたので面談しに行った、っておっしゃったんですけど、そもそもそのアポってどういうふうに取ったんですか。

「私たちは学生なので、社会人との関わりなんか、まずないじゃないですか。だから**ビジネス交流会**に行って社会人と関わりを持って、お茶しませんかっていう感じで関係性を構築して。携帯で困ってる人いませんかとか、学生と話したい人いませんかって言って紹介してもらって、紹介、紹介でつながっていって、それで携帯替えたい人がいたら替えてもらう、みたいな感じですかね」

――ビジネス交流会っていうワードが出てきたんですけど、これはA社が企画してるものなんですかね。

ビジネス交流会?

「検索したら出てくるんです。XXっていう交流会のサイトがあって、そこから調べて参加するって感じです。社会人との関わりの作り方は人によって色々あるんですけど、一番初歩的なのは、多分交流会だと思います」

……これも、**調べたら出てくる？**

ＸＸとは、イベントや会合の集客用のポータルサイトである。集客したいイベントを掲載することで人集めができる。ある程度知名度もある「まともなサイト」であり、別に非倫理性があるわけでもない。

で、このサイトで交流会を見つけるらしいのだ。

――実際にユウさんは交流会に出てみて、どうだったんですか。

「まず交流会にいる人たちって、**私みたいに営業をしに来てる人が大半**なんですよね。しかも営業され慣れてる人がほとんどで、そこは難しい点はあったかなと思います。保険だったり金融系、不動産とか、人脈欲しい人ばっかりだし、同じような人ばっかりっていう感じです、交流会は」

な、なんと、交流会とは、**同じように営業をしたい人々が集まるイベント**なのだ。

――それは正直おもしろいっていうか、やっぱそうなるよね。営業目的で行ったらみんな営業目的だったたっていう話ですもんね。

「そうですね」

――やっぱりそういう人って、あんまりお客さんにならないんですか。

「なる場合もありますし、タッグ組んで紹介し合うっていう手もありますし、紹介してもらった人が『普通の一般人』っていったらあれですけど、営業に関わりない人だったら見込み客にもなりますし。どこから縁がつながるかわからないので」

実に不思議なことに、そこそこお客さんは見つかるし、人脈もつながるそうだ。

モバイルプランナーの終焉

そして、ふとした会話の流れから、モバイルプランナーがもはや終わったビジネスだということもわかった。

――ところで、歩合給ってどのくらいあったんですか。生々しいですけど。

「1契約1万ちょっと。1万前後ですかね。でも職階にもよるんで」

――どのくらい契約取れましたか。

「それが、私が動き始めた、これからっていうときに事業形態が変わってしまって。だからもう月1〜2本しか取れてなかったです。先輩は月20本とか取ってる人もいて、すごい人だったら月何十本とか、全然いましたね」

――事業形態変わったっていうのは何が起きたんですか。

「モバイルプランナーって、強引な商売の仕方というか、訴えられたりとか問題になったりしたじゃないですか。それがあって風評被害というか、ちょっとやめようかってなって、モバイルからは手を引いたっていう感じです」

ユウさんはモバイルプランナーの悪評を知っていた。知っていてなお、続けていたのだ。まあでもたしかに、ユウさん自身は違法な営業をしていないし、友達商法もしていない。

――具体的に言うと、今年（2022年）の6〜7月とかになるのかな。

「その辺から問題になり始めて、完全に変わったのが8月末ですね」

やはり報道番組には威力がある。報道番組はA社にも直撃取材していたようなので、A社側にも危機感があったのだろう。

その後A社は、ウォーターサーバーの営業を始めたらしい。そして主たる業務がテレアポに代わり、モバイルプランナー営業そのものに魅力を感じていたユウさんは、これはやりたいことじゃないな、と感じて辞めたそうだ。

別に悪いことじゃない、かも

――たとえばの話として、友人がインターンしようと思ってモバイルプランナーっていうのを見つけてきたんですよって言ったら、ユウさんどうアドバイスしますか。

「でも自分の経験だったり実力つけるためだったら、全然いい仕事だとは思います」

――経験とか実力っていうのは、冒頭でおっしゃったようにコミュ力だったり営業の練習するっていう意味ですかね。

「簡単なものでもないんで、すごいイケイケにはなると思います」

――イケイケになる。その表現すごいわかりますね。でもそれって大事なことではあるんですよね。電話対応できない新卒が増えてるみたいな話もあるわけで、そういう意味では見知らぬ人にしゃべりかけたりリアクション取ったりすること自体が練習しないとできないような難しいものなので、そういう練習にはなるよっていうことですよね。

「はい」

——そういう意味では肯定的には捉えている。

「そうですね。でもやっぱり、問題になってるような強引な営業の仕方だったりとか、良く思われない人もいるんで。そこは自分はちゃんとするって決めてやるんだったら、全然いい仕事だと思います」

「携帯って自分で知らないと、店員さんに任せていろんなオプション付けられちゃったりするんですよね。私たちの世代だったら自分で調べてできるけど、親世代、おばちゃん世代とかだったら全然わからない人が多いから、モバイルプランナーっていう仕事自体は相手方にメリットがあるなとはめっちゃ思います」

それは、その通りだ。モバイルプランナーが社会問題になる前から、携帯の契約自体も問題になってきた。高齢者がよくわかっていないのをいいことに高額な契約を交わしたり、「要らないオプション」は筆者にも経験がある。携帯キャリア側が性質の悪いことをしてきた事実はあって、それを是正していたのだという意見には、説得力を感じた。

インタビューを終えて、筆者は悩んだ。これを、どう解釈したらいいのだろう。モバイルプランナーは悪ではなかったのか？　友達商法ではなかったのか？
非倫理的ビジネスをやるような学生は、注意力がなくて、浅はかで、金目当てで、承認欲求まる出しではなかったのか（そこまで言ってはない）。**今、筆者が話した学生は、至極まともで、真面目で、色々なことに思慮をめぐらすことのできる人に思えた。**少なくとも、怪しいビジネスになど手を染めない程度には。

モバイルプランナーの「解」

この話を、モバイルプランナーを、どう解釈したらよいのだろう。事例を思い出しながら、筆者なりの解釈を加えていきたい。

コミュ力、ガクチカ、インターン

いくつか、キーワードがあった。たとえば、コミュ力。ガクチカ。インターン。こういった鍵となる概念を、どう考えればよいだろう。

・**コミュ力……？**

会話の中で、こういうやり取りがあった。

「……ちょっと質問の趣旨と合ってるかわからないんですけど」

筆者の質問に長めに答えたユウさんが、こう最後に付け加えたのだ。

——いや、合ってますよ。よくわかります。すごく完璧なコミュニケーションです。

「いやいや」

——コミュニケーション能力ありますからね。自信持ってください。

思わず口を突いていた。

このインタビューはオンラインで行われ、だいたい1時間半続いた。その間、ユウさんは筆者の質問に答え続けてくれた。ほとんど詰まったりはせず、初対面の筆者の問いに、真摯に答えてくれた。

どこがコミュニケーション能力ないねん。いや、もしかしたらモバイルプランナーのインターンで急成長したのかもしれないけど……。

筆者が出会ってきた学生は、授業中質問してもニヤニヤ隣を見るしかできないとか、囃してふざけるわりに、きつく声掛けしたら黙るようなのばかりだった。でもそーゆーヤツらは友達グループの中では、意外にも陽キャやコミュ強として振る舞っていたりする。若者は、いったい何を基準に、コミュ力があるとかないとか言ってるのだろう。

・ガクチカ……？

ユウさんの動機はガクチカだった。やむをえない事情で様々な活動が制限された中、ガクチカを作るために主体的に就活を始めたのだ。

ところで、ガクチカって何だろう。報道番組でも、賢そうな学生さんが言っていた。

「冷静に〝ガクチカ〟ってなんだろうって考えるきっかけになればいいかなと思います」

2022年にネオキャリアという企業が、実際に就活生が何をガクチカとしてアピールしているのかについて調査を行っている（複数回答可）。ガクチカの内容の1位は、ダントツでアルバイト（約61％）。2位は「サークル・部活」「ゼミや研究などの学業」で、これでそれぞれ約39％。まあそりゃ、だいたいの学生はどれかはやってそうである。

対してリクルートの就職みらい研究所が、企業側を対象に調査をしている。企業側が学生に求めるのは何か、というアンケートだ。これは必ずしもガクチカについて聞いたものでないものの、上位4項目は、「人柄」「その企業への熱意」「今後の可能性」「性格適性検査の結果」だった。

なんと、アルバイト経験は7位、サークルは18位。**企業側は別にアルバイトの話もサークルの話も、たいして聞きたくはないのだ。**

なぜこんなことが起きるのか。では、ガクチカって何なんだろうか。

・インターン……？

最後にインターン。まず、辞書的な意味を調べてみた。

文部科学省・厚生労働省・経済産業省の「インターンシップの推進に当たっての基

本的考え方」では、『学生が在学中に自らの専攻、将来のキャリアに関連した就業体験を行うこと』と定義されています。（人事労務用語辞典）

他には『会社などでの実習訓練期間。学生が在学中に自分の専攻に関連する企業に体験入社する制度。体験就業』（デジタル大辞泉）

就業体験が適切な和語であろうか。公式の意味には、無給で当然、は挙げられていない。先ほど、実に9割程度の就活生がインターンへの参加経験があると言った。ただ、参加したインターンの期間（長さ）は、最多が半日で74・4％、次いで1日が67・1％。参加形式は「ウェブのみ」が32・2％、「どちらかというとウェブが多かった」が38・6％だ。これらを合わせると70・8％になる。**ほとんどのインターンは、半日か1日のウェブインターンなのだ**（「マイナビ2024卒大学生インターンシップ・就職活動準備実態調査～中間総括～」より）。それは就業体験、になるだろうか……？

ちなみに「東洋経済オンライン」の金間先生の記事から、筆者が大好きな一節を引用したい。

「『インターンシップに参加して、自分自身に変化があったと感じられる点は？』という問いに対し、58・1%でトップとなったのが『自分に合う仕事・合わない仕事など、職業適性がわかった』とのこと。

『半日あるいは1日で終わり、ウェブ中心』という、実に〝充実〟した職業体験で、自分に合う・合わないが判断できて何よりだ」

悲しいことに、半日のウェブインターンよりは、モバイルプランナーの方がよっぽど原義のインターンにふさわしい。

唯言論――唯の言葉の猛威と支配

唯言論（lingualism）という概念がある。あまり一般的に用いられる言葉ではないものの、いわゆる認識論や存在論に関係の深い概念だ。一言で言えば、言葉のみの言葉、意味内容の存在しない言葉がある、というのである。何をゆうてるのか。

古典的には、唯物論と唯名論／観念論という二分法がある。物質主義と観念主義、と言った方が正確かもしれない。いずれも、存在はモノが先か名前（観念）が先か、という問いに対する答え方のスタンスを意味している。

リンゴというモノがある。これは元々リンゴがあって、それに人間が名前をつけた、というのが妥当な解釈だろう。先にモノがあるので物質主義という。対して、約束というモノもある。ただ、約束は、人類が生まれる前から自然界に在ったものではない。約束とは人間が作り出したモノで、そして**約束と人間が呼んだものを約束と呼ぶ**、という性質がある。なんのこっちゃ。

「3時に公園にいること」は、約束でもなんでもない。ふつうそれを約束とは呼ばない。しかし、もし昨日友達と会うってことにしてて、「じゃあ明日、3時に公園ね」と言えば、そのとき約束が成立する。約束という観念が先行しているので、観念主義と呼べる。つまり物質主義（唯物論）と観念主義（唯名論）とは、モノの本質（意味内容）と名前（呼び方）のどちらが優先されているかを問題としている。

では唯言論とは何か。言葉しかない、とは。

とても性格の悪い例を思いついたので、聞いてほしい。

あの子、ブサイクだよね

学校のクラスに、人気の女子がいる。カースト上位のグループには属していないのだけど、カワイイと評判で、カースト上位の男子がけっこうアプローチしたりする。
カースト上位の女子グループはおもしろくないので、噂するのである。

「あの子さ、人気あるって調子乗ってるけど、正直ブサイクだよね」

このブサイクという言葉を用いたそのときから、グループ内では「○○はブサイク」が合言葉となり、それを聞いていた男子たちは、「カワイイ」と評していた女子を「ブサカワ」と呼ぶようになる。そして気が付けば一緒になって「ブサイク」と言うようになったのだった。

美醜なんて、明確な基準があるものではない。まさに社会構成的で、きわめて主観的に好みで決まるものだ。だから、ブサイクに意味内容なんて必要ない。**ブサイクって呼べばブサイクにしてしまえる**のだ。

目が大きい、鼻が高い、背が高いといった特徴は、概ね長所とされることが多い。でも、目が大きい人は「でめきん」、鼻が高い人は「わしばな」。背が高ければ「でくの坊」と言って、低ければ「ちび」と言えばバカにできる（よくもまあ、こんなに悪口が浮かぶものだ）。**このように言葉を弄すれば、「事実」などいくらでも構成してしまえる。**

学校での悪口は本当に凶悪である。知識も経験もない子どもが、社会じゃ何もできねー子どもたちが、簡単に他者の自意識をコントロールできる。先ほどブサイクと言われた女子は、自分の容姿についてずっと思い悩むことになる。事態を把握したとき、どう思うか。

「そうか、目立っちゃダメなんだ」

その日から彼女は、自分のことを陰キャと言い、コミュ症と言い、SNSには自己満と書くようになるだろう。彼女が実際にそうであるかなんてどうでもいい。**言葉だけ繕えば、上位グループは許してくれるだろうから。**

唯言論的世界観には言葉しかない。実態を無視して、その言葉が正しいという空気さえ作ってしまえば、事実をいかようにもコントロールできる。

言葉しかない就活狂騒

はっきり言えば、ガクチカもインターンも、意味内容が何も伴わない唯《ただ》の言葉である。ガクチカをめぐっては、明確に学生側が勘違いをしていて、企業が求めないことを必死にアピールする。インターンは、半日ウェブで受ければ、ビデオオフでも就業体験だ。インターンについては近年テコ入れがあって、半日や1日のやつは「オープン・カンパニー」と呼びましょう、という申し合わせがあるそうだ。噴飯ものだ。ほんとに、ただ言葉をいじってるだけである。言葉でなんとかしようとする限り、どうせまた、同じようなことは繰り返されていく。

どこの誰が作ったのか知らないけど、あまりに言葉に振り回されている。実態がない。唯言的な状況は、挙げれば枚挙にいとまがない。

「いろんな人の意見を聞くべきだ」と言うヤツは、だいたい多くて2人の意見しか聞いていない。「社会貢献がしたい」と言う学生にボランティアを薦めると、「いや、ボランティアとかは違くて……」と言うらしい。「こっちは学費払ってんだぞ」とのたまう学生は別に学費を払っておらず、払っているのは親である（これは例として間違っている）。

ほんとに、言葉しかない、何も実態のない薄っぺらい世界を、若者は、われわれは、生きている。

絶望的な唯言世界

筆者はとある面接で、試験官をしたことがある。相手は高校生で、「ＢＯＰビジネス」をしたい、と書類に書いてある。同席した先生が質問する。

「この、ＢＯＰビジネスっていうのは、何をされるつもりなんですか」

生徒は、実にすらすらと答えた。

「世界の所得別人口構成ピラミッドで、最下位層に位置する、１人当たり年間所得が購買力平価で３０００ドル以下の……」

教科書の定義を述べ始めたのだ。「しゃべる家電」ってのがあるけど、あれくらい流暢にしゃべっていた。先生が慌てて訂正する。

「いやもちろん、定義は知ってますよ。具体的に何をしたいんですか。ＢＯＰビジネスだったら途上国に行く必要があるでしょうし」

高校生はきょとんとして、何も答えなかった。「答え」は明らかだ。**学校の先生に、こう言えって言われたから、言っただけなのだ。**言葉しかない、のだ。

エピソードはいくらでもある。筆者は大学のとき部活をしていた。この部は昔から定期試験期間にも練習をしていたのだけど、ある人が部の会議でこう提案した。

「試験期間に義務参加の練習があると、やはり勉強と練習の両立が難しい。後輩にも精神的負担がかかっている。義務練はやめて、やりたい人だけやる自主練にしてはどうか」

結局、義務ではなくなったそうだ。そしてその会議中に、別の人が問うた。

「別にそれでいいと思うんだけど、この後輩の精神的負担っていうのは、具体的に何かあったの？　もし負担があって休みがちとか辞めたがってるとかなら、何かケアした方がいいんじゃないかな」

提案者は、平然とこう答えたそうだ。

「いや、別に何かあったわけじゃないです。そう言った方が、意見が通りやすいと思ったので」

精神的負担という重い言葉さえあれば勝てる、という余裕の戦法である（実際勝った）。こんな「成功体験」を経て社会に出ていくZ世代がそれなりにいるであろうことを、皆様にお伝えしておきたい。

若者、それはオトナの映し鏡

しかし、酷い。酷すぎる。こんな社会に、言葉しかない薄い世界に誰がしたのだろう。Z世代だろうか。

違う。オトナだ。オトナがやってるのを、子どもが真似してるだけなのだ。政治家やタレントを、見てみたらいい。言葉しかない。守られた公約など見たことがない。言葉は多々飛び交う中で、交わされた言葉がどれだけ現実に還元され、実になっているのだろうか。それらしい言葉だけが飛び交い、中身は何もない。

もちろんこれは偏見で、悪いとこだけ切り取りすぎている。でも、そう思うのも仕方ないくらい、オトナは言葉を弄することに疑問を持っていない。Z世代が真似するのも当たり前ではないか。そして学生は今日も、ガクチカを作り続ける。

開かれたネットワークの閉じられたコミュニティ

モバイルプランナー騒動で、もう1つ注目できることがある。非倫理的ビジネスは、あまりに身近であり、簡単に関与できるということだ。

ユウさんは、筆者から見ればとても「まともな」「優秀な」人に見えた。面接で来たら通すと思う。そんな学生が、なぜ非倫理的ビジネスと接点を持ったのか。まっとうな世界とグレーな世界の境界を越えたのはGoogle検索だった。しかも、たったツータッチでたどり着ける場所。ネットを駆使すればいとも簡単に、闇の世界と触れ合える。

ダークウェブや闇バイトという言葉が流行ったけど、モバイルプランナーは表玄関から堂々と入れる場所にあった。なんなら子ども向けフィルターがかかったブラウザからでも入れるのでなかろうか。

そして、この世界は外から見えなくなっている。報道番組がなければ、報道番組が扱ったところで、読者の方々の多くはモバイルプランナーなど知りもしなかっただろう。誰でもたどり着ける場所にありながら、多くの人は知ることがない。

そのような開かれたネットワークで、閉じられたコミュニティを作ることに、実はウェブ（インターネット）は非常に向いている。考えてみれば、インスタもインフルエンサーも同じだ。お金も知識も経験もない若者が行こうと思えば行ける場所にありながら、他者はそこに気付くことがない。誰でも使えるネットから、誰にも見えないコミュニティができて、そこで人知れず物事が展開していく。そういう性質を現代はたしかに抱えていて、若者はその渦中にある。

Z世代の声③
「モバイルプランナー」、アリ？ ナシ？

出来高制で雇っていて、変動費っぽい側面があるので、企業側にとって好都合
学生も自分の都合で働けて、スキルも上がるので、Win-Winなのではないか

友達にモバイルプランナーがおり、しつこく勧誘された。仲が良かったのに、それ以来連絡が来なくなった。信頼は失われると思う

学生が「とかげのしっぽきり」にされる気がする。世論からしても、マルチをしていると思われるだけだろう。でも企業側は損をしない。他のことでも「ガクチカ」にはなるのではないか

友達がやるにしても自分がやるにしても、結局は自分の判断で自己決定するわけだから、周りも責任を負えない
社会に出ると自分の責任は大きくなる。自分は引っかかりそうだから、注意したい

他人に迷惑をかけないで、個人でやるぶんにはいいと思う

グレーゾーンが曖昧なため、絶対的にダメなことであるとはいえないと思います

第4章

劇的な成長神話

――モバイルプランナーのアナザーストーリー

きみは、きみ自身の炎のなかで、自分を焼き尽くそうと欲しなくてはならない。
きみがまず灰になっていなかったら、どうしてきみは新しくなることができよう！

――フリードリヒ・ニーチェ『ツァラトゥストラ』

第3章では、学生の間で流行したモバイルプランナーというビジネスについて紹介した。報道番組では「友達商法」としてラベリングされたモバイルプランナーは、ある学生——ユウさん——にとっては「ガクチカのためのインターン」「コミュ力を上げる手段」だった。また、ユウさんはＧｏｏｇｌｅ検索から、しかも、検索上位から数タッチでモバイルプランナーにたどり着いた。開かれたネットワークからグレーな世界に行き着くのはいかにも簡単で、そして同時に外から見えない閉じられたコミュニティが形成されていたのだった。

注意喚起しておきます

そういったストーリーを突き止めた筆者は、この話をいくつかの場所で発表した（わりとウケはよかった）。そして、ある発表の場でのこと。ある大学の先生に、「いや、おもしろかったです。こんなことがあるんですね」と話しかけてもらい、会話を交わした。その先生は、

「うちの学生にも、注意喚起しておきます」

と言い残し、別れた。そしてその場所で、驚くような機会に恵まれた。

「実は私もモバイルプランナーをしていました」

という方に出会ったのだ。しかも、「今日先生がお話しされたのと、けっこう異なってい
ます」とのこと。さっそくアポを取り、数週間後にインタビューさせてもらうことになっ
た。その方をケイさん（仮名）としておこう。オンラインのインタビューを始めようかと
いうそのとき、ケイさんは開口一番、次のように述べた。

「あの、先生、実はずっと気になってたことがあって」

――なんですか？

「あの日、先生としゃべってた方が『注意喚起します』って言ってたじゃないですか」

――ああ、はいはい。おっしゃってましたね。

「あれ、ずっと気になってて」

――？

「いや、実際、どうやって注意喚起するんだろうって」

そのとき、モバイルプランナーをめぐってわかっていなかったこと、モヤモヤしていたものが1つ氷解したような気がした。

モバイルプランナーは悪いこと？

端的にはケイさんは、モバイルプランナーを一概に悪いことだとは思っていない、と述べた。少なくとも、理由のあるものだ、と。

「だって実際、先生の発表でも、ユウさんは就活のためにやってて、しかも友達商法をしてなかったわけで。それって、責められるようなことでしょうか。少なくとも、注意喚起するって、何を注意喚起するんでしょうか」

思わず黙ってしまうような鋭い、そして若者ならではの指摘だった。

筆者は各所でモバイルプランナーの話を出して、意見を乞うている。どう思いますか？と。筆者にとってもやや意外だったのは、賛否両論になることが多く、回答の傾向が見いだせないことだ。ユウさんのケースにしても、報道番組や世間が「友達商法が悪い」と言うなら、ユウさんは友達相手の商売はしていない。動機も、金とか承認欲求じゃなくて就活のためだった。

オトナはみんな、しょうもないことに時間使ってないで、役に立たない授業になんか出てないで、就活しろ、いい企業に入れ、と言ってくる。就活は早くからしないといけませんよ、とか。ユウさんは、**オトナの期待に適切に応えただけ**ではなかったのだろうか。それで注意だの言われたところで、である。


「モバイルプランナーってのが流行ってるから、やらないでください」

「え、それは就活やるなってことですか？」

「いやいや、もっとマトモなインターンしろってことで」

「マトモなインターンって何ですか？」

「うーん、給料が出るとかさあ」

「え？　ほとんどのインターンは無給ですよ」

「じゃあ金じゃなくてさ、ちゃんと経験積めるもの！」

「モバイルプランナー、営業の経験積めましたよ」

「……」

ここでの目的は、決して善悪を確定させることにはない。なぜオトナと若者の視点は異なっているかを考えねばならない。一概に悪いことではない、と考える若者は、じゃあ実際、モバイルプランナーをどう捉えたのか。

営業の練習をしたいから

ケイさんがモバイルプランナーに関わったのは、コロナ禍より前のことであった。ある時期から、高校や大学の同期たちが「スマホを売り始めた」のだ。友達らはインスタのストーリー機能でスマホを販売しており（当時はもうストーリー中心だったようだ）、「スマホ安くしたい人、ぜひ相談してください」と、一気に何人もが投稿し始めたのだという。

総じて10人くらいの人がインスタでそういう発信をし始めたらしい。ストーリーのみならず、通常投稿でもアピールし出す。「何かそういうのが流行り出してるんだな」っていうことを、ケイさんは何となく察知していた。

ケイさんにとって重要な契機は、特に仲の良い友達だった。高校で一番仲良くしていて大学も一緒になった友達がいて、その人も同様に「そういうこと」をし始めたそうなのだ。その人から直接、「一度、商談の練習をしたいから、事務所に来てくれない？」と声をかけられた。別に何か売りつけるんじゃなくて練習として付き合ってほしい、と。何か買うわけじゃないし、練習に付き合うぐらいなら全然いいよ、と答えて、指定された事務所に向かった。

事務所で、友達は淡々と説明したそうだ。自分はこういう「モバイルプランナー」という事業をしていて、こういう仕組みで安く売れるんだ、と。その内容自体は、たしかにそういう仕組みなら安く売れるだろうな、買う側・売る側の両方にメリットがあるんだなと納得をして「そうなんだ、じゃあ頑張ってね」と、いったん「営業の練習」は終わった。

変わってみたかったりしないかい

ところが、その日のうちに（数少ない）正社員さんから勧誘を受ける。地域統括的な、非常に重要な役職に就いていながら、とても若い方だったらしい。その社員が「君も興味があったら、ぜひうちでやってみたりしない？」と勧誘してきたのだという。

後日、事務所の近くにあるカフェで、改めて説明を受けた。殺し文句が飛んだ。「**君も何**

か、変わってみたかったりしないかい」。当時ケイさんは大学3年生の春。就職活動を控えた時期だ。社員は続ける。「就活でこういうの話そうとか、こういうところが自分の売りですみたいなこと、ぜひ聞かせてくれないか」。

ケイさんは、元々頭の中で考えていたようなことを話した。すると、雰囲気からはもう察していたのだけど、諭すように告げてきたのだという。「今の状態だと、付いていく人はなかなか少ないと思うよ」「君はリーダーとしてはまだまだ未熟なんじゃないか」。さらに告げる。「でも、**うちで働いたらこういう力が身に付いて、みんなが付いていくようなリーダーになれるかもしれない**。どうですか」。

怪しい雰囲気、嫌な感じはなくはない。ただその時点では、時期が時期。大学3年生で、何も特徴のない自分ならばなびいちゃうんだろうな、と(なぜか客観的に)思った。しかし、当時はアルバイトで予定がかなり埋まっており、時間が作れないという事情もあった。そこで「またちょっと考えます」と流して、ラインを交換し、別れた。その後に時間を置いて冷静になったら「まあ、やらなくていいかな」という気持ちになり「お断り」をした。結局モバイルプランナーにはならなかったケイさんは、遠目で友達が頑張ってるのを応援する、という気持ちになった。

さらに、ケイさんを誘った同期も、結局1~2週間後に辞めてしまったというのだ。

友達は売れない

辞めてしまった同期に会ったとき、聞いてみたそうだ。「何がダメだったの？」と。返事はこうだった。

「成果が出るまでの期間がしんどい」

当時、モバイルプランナーはなんと**「月100万プレイヤー」「年間1000万プレイヤー」がいた**という。第3章のユウさんのケースとはかなり事情が違っている。

「そこまで行ったらやりがいもあるし、お金もめっちゃ稼げるし、いいだろうなとは思ってた。でも、そこまでの労力がやっぱりとてつもないし、売り方も売り方であんまり……」

圧倒的な成果を出すためには、やはり**友達を売る**という過程は避けられなかったらしい。

「それを嫌う友達がいる以上、コミットする勇気が要る。そこまでには至れなかった。辞めるなら早く辞めたほうがいいだろう、と」

早く辞めてしまった理由は、とてもマトモだった。

「結局、友達に営業かけないと成果出ないっていうのは明らかで。**友達を売りたくなかったので辞めちゃった**ということでした」

倫理観も人情もある若者じゃないか。

休学させていただきます

ケイさんの友達はざっと10人くらい、モバイルプランナーに関わった。ただほとんどはすぐに辞めてしまう。理由は大きく2つ、稼げるバイトだと思っていたけど、稼ぐためにかなりの労力がかかるということ（コスパが悪い！）。そしてもう1つが、友達を巻き込むことに忌避感があったこと。

しかし友達のうち2～3人は、モバイルプランナーを辞めずに続け、かなり熱心にコミットしていたのだという。そしてそれらの人々には共通点があった。

「全員、いったん休学したんですよね。1年あるいは2年の休学をして、その休学も芸能人やスポーツ選手みたいに、インスタで正式な発表をする形でみんなに報告をしていたんです」

「『この度、私何々はA社へのコミットを誓って、○年間の休学をすることを決定しました』、そこからものすごい長文の決意表明というか『頑張ります』という表明をして、結局そこの世界に浸っていって」

申し遅れたが、本章でのモバイルプランナーの元締めもA社であった。モバイルプランナーにのめり込んでいった人々は、A社への忠誠を誓い、その決意表明として「休学します！」とSNSで宣言していたそうなのだ。

なんとも、仰々しい。ちなみにケイさんの友達の3人のうち、2人はそれぞれ1年・2年遅れで卒業した。もう1人は退学したかあるいはまだ在籍中という人がいて、卒業しないまま自分で会社を立ち上げたそうだ。A社での経験を生かして色々やっているようで、いまだにインスタでよく投稿しているとのこと。

成長したいZ世代

Z世代はコスパ・タイパを重視する（らしい）。そして平均ちょっと上をめざす（らしい）ので、無駄な努力は嫌いだ（と言われている）。そんな世代の若者が大学を休学してまで何かにのめり込むというのは、なかなか並々ならぬものがある。

筆者はインタビュー前に、動機を2つ考えていた。1つ、就活のため。これは第3章のユウさんのケースに当てはまる。しかし、本章のケースでは就活というワードはあまり聞かれなかった（結果的に役に立っていた可能性はあるが）。

次に、金のため。現代のSNSは儲け話であふれている。女衒も給付金詐欺も、主には金目当てであろう。モバイルプランナーの場合、既に下火になっており総務省の是正命令と報道で決定的にしぼんでいった第3章の時期と違い、ケイさんが語る当時はわりと儲かっていたようだ。ただ、儲かるのは極々一部である。さらに結果的に儲けていたとしても、コスパは相当悪い。

このインタビューでは、筆者の2つの仮説は否定された。そして、ケイさんの話からもインスタの投稿からも、はっきり述べられた別の動機があった。「**成長**」である。

――このモバイルプランナー、就活に役立つって紹介されてるケースと、稼ぐ手段として紹介されてるケースとがあると思うんですけど、どっちぽかったですか。

「いや、『成長』ですね。就活って言葉もあまり大々的には使っていなくて、自分の成長のため学生生活をそういう時間に捧げようぜっていう、そういう感じでした」

――ほほう……。ちょっと言い方を換えたら、自己実現っていうんですかね。

「そうですね、そんなイメージです」

――自分のためになるっていうロジックですね、それだと。

「そうです。お金はついでっていうとアレですけど、一応稼げるから悪いもんじゃないよっていう建付けで使われていました」

――なるほど。成長できるよとか、そういう意味で自分のためになるんだよっていうことをすごく強調してたんですね。

「そうですね。あと、タイミングの話かもしれないなっていうの、ちょっと感じていて。当時は稼ぐっていう面を強調したら嘘になることが多かった気もしていて。多分タイムラグがあって、何年かしたらいろんなノウハウがA社の中でブラッシュアップされてるから、稼ぐって面も強調できるようになったのかなと」

A社にとっても、稼げた時期とそうでない時期があり、やはり主な謳い文句は「成長」「自己実現」だったのである。

ビジネスとしてのモバイルプランナー

モバイルプランナー周りの話を聞いていて気付いたことがある。**儲かる、儲けたいという話題があまり出てこない**のである。要因が2つ考えられる。1つは既にある程度述べたように、儲ける以外の動機があるということ。もう1つ、**モバイルプランナーは明らかにビジネスとして継続的な収益が得られる構造になっていない**ことである。

経営学者である筆者はここまで経営学っぽいことをあまり語っていないので、ちょっと経営学っぽい視点から考察してみる（経営学っぽいって何だよ）。モバイルプランナーは一言で言えば手数料ビジネスである。顧客のスマホ契約を見直して、1000円安くしてあげる。その対価で1万円貰う。顧客は10カ月でペイできる、という例をイメージすれば、ビジネスとしてＷｉｎ－Ｗｉｎの関係が成り立っている。

しかし、モバイルプランナーはビジネスとして大きな弱点をいくつか抱えている。まず、顧客の獲得が難しい。飛び込み営業中心なのでそうそう客が見つからず、多くは友達など知人に頼っている。そして、その市場も有限である。初期的には携帯の契約見直しの需要があったとしても、リピーターが生まれる可能性が限りなく低い。ビジネスが浸透するごとに市場がしぼんでいき、客単価もそう高くはない。

そもそも**こんなビジネス、長続きするわけがない**のである。その証拠に、A社の社員はほとんどすべて学生インターン、そして歩合給である。正社員を雇用し、固定給を最低賃金程度に支払うほども収益が期待できないので、成果報酬にするしかないのだ。

A社について調べると、ちょいちょい「マトモじゃない」情報が出てくる。これは、A社でインターンの研修を受けたある学生が語ってくれたエピソードだ。

「A社のインターンって、交通費も出ないんです。でも、こういうテクニックがあるから、やれって言われました。何かっていうと、大学の定期券を、A社の所在地がある駅を通るように買い直せ。そうすれば実質タダだし、A社に来るモチベーションになるよ、と」

ケチすぎるし、ルール違反もはなはだしい。一方で、実にクリエイティブな手段を生み出したものだ。悪い奴らはけっこう知恵が回ることがある。

でも、ビジネスとして回らなければ、会社として存続できるわけがない。**A社はなぜ、どのように、会社として存続してきたのだろうか？** 疑問が浮かぶものの、ケイさんの友達の話に戻ろう。

アイツ今何してる？

――ところで、わかっている範囲・言える範囲でよいので、その友達って、今何をしてるか教えてもらえますか。

「実際に会って話したりとかはできてないんですけど、それなりに仲がよかったので、近況はある程度は知ってます。3人のうち高校の同期で、モバイルプランナーのために全国行き来するみたいな営業をしていた人は、今何してるか詳しくわからなくて。2年休学した大学の同期も、どんなところで働いてるかはちょっとわからないんです。……今、インスタを見てみますね」

インタビュー中に、インスタでチェックしてくれた。SNS、便利だ。

「今見ると、特に何か営業したりとかはしていないけど、休日の豪快な遊び方をよくインスタに上げているタイプだったんです。仕事で『こういうことしてます』っていう近況報告を、芸能人みたいにしてたんですけど。今はもうしていないって感じです。大学同期でまだ卒業していない人は、『現役大学生がやっている○○』ってのをアピールしながらバーを経営したり、あるいはそのバーの経営を畳んで、今はまた別の何かマーケターになってパソコンをカタカタしていたり。インスタの投稿をほぼ毎日上げるみたいな生活を送っているっていう感じです」

――そのインスタ、見せてもらうこと、できますか？

「ええ、はい。アカウント名送りますね」

ケイさんに教えてもらって、そのアカウントを閲覧した。なんだか他人のプライベートを覗き見しているようだ……。でも、本人が自分で世界に公開してるんだよなあ。複雑な気持ちになりながら、そのアカウントの投稿を見てみた。

絵に描いたようじゃダメなんだ

――今、率直に僕が思ったのは、すごい大学生っぽいインスタだなって。多分みんなの思うインスタ、大学生ってこんなのなんやって……。

すると、さすがZ世代という答えが返ってきた。

「いや、そんなことないです。逆に、何か絵に描いたような遊び方・動画の撮り方をしすぎていて、投稿を見て『結局、こいつは何がしたいんだ』って、みんな感じて、しゃべっていたようなところが多かったです。われわれが卑屈すぎるともいえますけど」

――なるほど、これが別に大学生の典型ではないんですね。

「典型ではないです。あるいは、ちょっと昔、インスタが世に出始めた2010年代前半とかの加工の仕方をいつまでも引きずっているんですよね。何か結局、**自分らしさが、個性がないようなインスタの使い方**をしてるんじゃないかっていう。それは個人的な考えではあるんですけど、そういう話はちょくちょく聞いたりもします」

――いや、それ、すごい重要な指摘というか、何かわかる気がします。やっぱり、「現場」に行って聞かないとわかんないことですね。

インスタの使われ方の創造

筆者の知人の起業家に聞いた話がある。その方は経営学の講義を配信するサービスを事業展開しており、2つ目の新しいビジネスではインスタをメインの広告媒体にしているため、インスタについて私的研究を重ねたそうだ。ある日、インスタのアルゴリズムを解明した、と興奮気味に教えてくれた。

インスタが一世を風靡し有名になった背景には「インスタ映え」という概念があった。キラキラした投稿、いかに自分が輝いているかという投稿をして、たくさんのいいねを稼ぐ。それはまた、あふれる自意識やフォロワーへの媚びを感じさせるものでもあり、Z世代からすれば既に「イタい」ものと化した、過去の遺物である。そしてインスタ映え意識の投稿は、実は**インスタにとっての**不都合もある。

インスタは基本的に無料で使えるサービスであり、スポンサーからの広告収入がメインである。つまり、ユーザーが広告を見てくれるような設計にしないといけない。ところが、いいね数中心の使われ方になると、ある指標が悪化する。インスタへの**平均滞在時間が減る**、つまりサービスを見ている時間が減るのだ。これは広告主にとって思わしくない動きである。

ひたすらスクロール

イメージが摑みづらいかもしれないので、Z世代の逸話を紹介したい。筆者が塾講師のアルバイトをしていたときのこと。高校生相手の授業を終え、休み時間になった。生徒がスマホをいじっている。横で見ていると、生徒はものすごいスピードでインスタをスクロールしている。投稿内容を一切見ていない。**ただただ「いいね」をし続けている**のだ。

――え、何してんの?

生徒も苦笑する。

「いいねしてんねん」

――そうなんや（見たらわかるやんね）。でもそれ、投稿見てないよね？

「見てないよ（笑）。多すぎていちいち見てられへん。でも、見たでってしないとアカンから……」

まさに「かつてのインスタ」を象徴する動きだ。友達がたくさん投稿している。そして「見たよ」「すごいね」「私はあなたを肯定してるよ」のシグナルとして、**「いいね」を押さないといけない**。相互監視の檻の中で、「あいつはいいねしなかった」は非難の対象になる。でも、こんな使い方、楽しいわけがない。その点Ｚ世代も敏感というか正直で、**楽しくないものからは離れていく**。かつてのインスタでは、いわゆるＳＮＳ疲れに類する現象が起きていた。いいねを求めるイタい人々がフォロワーにいいねを強いて、インスタをおもしろくなくしてしまっていたのだった。

インスタのまとめサイト化

ただただ他者の投稿にいいねをするだけのSNSはユーザーが離れていくし、滞在時間も短くなる。それは広告スポンサー離れを招く。対して、インスタを広告媒体として用いているビジネスアカウント側からすれば、滞在時間の多いコンテンツはよりレコメンドされやすくなる。つまり**インスタから優遇してもらえる**のだ。

そこで最近伸びているのが、画像を雑誌のように使うスタイルの投稿だ。つまり、インスタでアップする画像に文字情報を詰め込み、ライフハックやお役立ち情報を載せる。それを読んでもらうというわけだ。文字を読むので滞在時間が長くなり、またユーザー側もお役立ち情報を読めるので価値が生まれる。いわば**インスタのまとめサイト化**といえる。

筆者の知人の起業家は、このスタイルでの発信に変えたとたんユーザー数が急増したらしく、現在手掛けるビジネスアカウントのフォロワー数は2・5万まで増えている(筆者には相場がわからない。Z世代に訊いたら、すごいですねって言ってた)。

Z世代の細やかさ

話がかなり逸れてしまった。ただ無関係の話ではない。若者の象徴たるSNSも、変遷を経て今の形がある。その背景にはシビアなユーザー獲得競争があり、ビジネスとして成立させるためのたゆまぬ企業努力がある。そしてやはり、若者は細かく、ビンカンである。非常に丁寧に互いを監視し合って、友達のＳＮＳの使い方もきっちりチェックしている。先述のインスタの変化を、ケイさんにも伝えてみた。

——今の流行りはまさに雑誌を読むようにインスタの画像を読むって方向に移って
て。それを取り入れたらすごくユーザー数が伸びたとか。

「なるほど、すごくイメージがつきます」

——そういう意味では、ちょっと言葉はアレですけど、さっきの友達2人のインスタの使い方っていうのは「古くて」「イケてない」んだ。

「そうですね。あるいはＴｉｋＴｏｋやショート動画で使い倒されてる動画とか、そのスタイルの焼き直しをやっている雰囲気ですね」

なるほどなあ。なんだか、こういう話を聞いていると、若者が創造的だというのも理解できてくる。たしかに、若者は自ら何かをゼロから創造しているわけじゃない。企業による、ビジネス化されたものを消費しているだけといえばだけだ。でも、**ユーザーとしてのつぶさな目線、損得への敏感な対応がたしかにあって、いうなれば繊細で聡い。**その意味において、若者はたしかに創造的である。

競争と成長の螺旋

モバイルプランナーのインフルエンサー化

ＳＮＳの使い方で盛り上がりながら、ケイさんと件の友達のインスタを眺めていた。出番が多くなってきたので、ケイさんの友達をマオさん（仮名）とでもしておこう。

「実はマオのアカウント、今改めて見てます。見たことないのがけっこうあるかも」

しばらく会っていない友達だし、スクロール流しの対象になっていれば、見ていないのも当たり前である。

――この人、本名も晒してるね。

「ほんとですか？　あ、ほんとだ」

――A社の名前も出てるじゃん。

マオさんは、A社から貰った本名入りの賞状をアップしたりしていた。鍵のないアカウントで、である。不用心なものだ。大学を卒業したということで、卒業証書までアップロードしている。

――大学名も出ちゃってるね……婚姻届とかも上げちゃって。

「色々書いてますね」

A社での表彰、大学卒業、結婚。ライフイベントをSNSで垂れ流している。

「モバイルプランナーをやってた間は、ほぼみんな、こんな感じでした」

――なるほど……こういう風にライフスタイルを全部晒して、個人情報を晒して、それこそ芸能人や有名人のように休学するって宣言したり、つまりこれいわゆるインフルエンサーみたいな感じの発信ですね。

「そうですね」

――1人の学生がプライベートをどんどんSNSにアップするっていうことがずっと行われてたってことですね。

話しながらインスタを眺める。そして、とんでもない写真を見つけた。

――このマオさん、野球場の写真が載ってるけど……。A社が「A社デー」と銘打って、スポンサーしてた日があるんだね。

「マオは多分、この日に始球式で投げてますね」

――えぇ？

なんとA社は、ある日のプロ野球の試合でスポンサーをしており、そこで始球式を務めたのは学生インターンのマオさんだったらしいのだ。ほんとにインフルエンサーじゃないか。

過分な舞台装置

マオさんの過去の投稿はかなり消えているんじゃないか、とケイさんは語った。

「自分の記憶からすると、多分、昔の投稿をけっこう消していると思うんですよ。かつては定期的に、自分がどの職位からどういう功績のもと、こういう職位に昇格したよっていう報告をしていて。そういう序列があるらしくて、自分がこの立ち位置にいるよっていうアピールをして、こういうふうに頑張ってますよ的な発信も、当時はすごい頻度でしてていました」

この「職位」「序列」は、別のインタビューでも証言があった。A社は、インターン生の階級を細かく決めていて、より上位になるよう煽っていた。階級が高くなると、できる仕事の範囲や歩合給が良くなるそうだ。

「最大で10人ぐらいがやっていたので、見る側にとって目の当たりにするのがすごい頻度だった、ということでもありますね」

インスタの友達にモバイルプランナーがいて、互いに昇進をアピールして、競い合うような状況。そして、成功すると賞賛が与えられる。マオさんのインスタには、「地区1位」「月間1位」などの表彰を受けてガッツポーズする写真もあった。ステージが設けられ、かなりの人数に見守られながらガッツポーズ。プロ野球での始球式。試合の合間に、球場のビジョンに大写しになる男性が3名。実は彼らもインターンだったそうだ。

学生インターンにとっては過分な舞台装置に思えた。

コロナ以前のモバイルプランナーは、このように競争を煽られ、成長を促され、派手な舞台装置がそれを加速させるような状況にあった。

正統派(?)モバイルプランナー

ところで、ケイさん自身にも実はモバイルプランナーの経験があった。とはいえ、こちらは「真の」モバイルプランナー。つまり携帯キャリアの店舗スタッフである。

「学生のアルバイトとして、やってたことがあるんです。ａｕの系列で、センショウっていう会社で」

――どう書くんですか、センショウ。

「千回勝つ、で千勝です」

これまた何か、象徴的な……威勢の良い名前である。

「ａｕから委託をされてたと思います。ただA社みたいに学生主体というわけじゃなかったです。各地の家電量販店に出張して、ティッシュとか配って、立ち止まってくれたお客さんと会話する。いけそうなら携帯プランの提案をする、みたいな営業のアルバイトでした」

――なるほど。私も客としての経験がありますけど、携帯ショップの人たちってアルバイトとか委託の方なんですね。

「そうなんです。実際、バイトの初期にはKDDIの大きな支社に呼ばれて。モバイル事業がどういう構造になってるだとか、どんなことを総務省からちくちく言われているか（笑）みたいな共有も、わりときちんとされていました」

悪質な契約については、やはり管轄の総務省から業界への注意が重ねられており、企業側も気を付けていたらしい。

営業の後ろめたさと致し方なさ

ケイさんは、自身の経験を語ってくれた。

「高校の友達の紹介で、2年生のときに8カ月くらいバイトしてました。A社とまったく違って、インスタとかで対外的に発信するってことはまったくしてませんでした。でも営業として実際にやっていることとしては、似てる部分があって。友達をつなげるとかですね。ひっそりと。

自分自身は、量販店の前で道行く人に携帯を売ったり、あるいは自分の知り合いから買ってもらったりとか。でもやっぱり買う方がご年配の、よくわかってないけど安くなるんなら構わんわっていう人たちばっかりで……なんかちょっと心が痛くなって、辞めてしまいました。そういうところは、A社と似てるところもあります」

この話は、第3章にも通じている。商売から人間関係は切り離せない。

――まあ、そうですよね。友達を売るとかってことは、そうそう平気でやれることではない。

「とはいえ、今はある程度消化もできていて。結局、友達をビジネスに巻き込んだとして、本当に得させることができれば、たとえば携帯料金を安くできれば良いという話なので。そこについては、今は罪悪感とかはないですね」

今さら引けない

「友達商法」については、消化できたのだとも語るケイさん。しかし、まだ自分の中で引っかかることがあるという。

「まだ何か、自分の中で違和感を抱いてしまうのは、**そこまでして自分の成長にコミットメントをしていくことへの距離感**というか。大学生なんだから、まだだらしなく遊んでいこうぜっていう気持ちも当然ある中で、友達をダシにしてまでそんな成長にコミットメントするのは何かダサいんじゃないのかっていう斜に構えた考えを持ってはいるんです」

――ああ、なるほど。つまり、なりふり構わず昇り詰めていこうぜみたいなノリでモバイルプランナーの人たちは頑張ってたわけだけども、それって逆にダサくないかと。それって友達売ってまでやることなのかって思うっていう。

「そうです、思っちゃう。逆に言えば、最後まで突っ走った人もそういう悩みは当然あったと思うんですけど、引くに引けなくなったパターンが多いんだろうなと、見ていて感じます」

――ここまで来たら辞められないっていうことですね。コンコルド効果。

「実際、そこまでいった人たちは、もうあまり苦労せずに勝手に人が人を呼んで稼げる状態になっているので。そのうまみもあって、その認知的な不協和のせめぎ合いのところを、もう突っ走る側として覚悟することで、何かやりくりしたんだろうなと」

ケイさんの分析は非常に冷静だった。そして**第三者的で、客観的**だった。

2つの若者像
――主人公と傍観者

ケイさんから聞いたモバイルプランナーの話は、第3章のユウさんの話と比べても、かなり様相が異なっていた。たとえば、「就活」や「インターン」という概念はあまり出てこなかったし、「おそらく友達も、いわゆる就活はほとんどせずにモバイルプランナーにのめり込んでいた」。ガクチカもインターンも関係ない。おそらく、コミュ力も。

代わりに在ったのは、どこまでも熱く突っ走り、深くに潜っていく前のめりの上昇志向と、それを支える舞台装置だった。ちょっと古くてダサいSNSの使い方をしながら、友達商法に手を出して後ろ指さされながら、それでもてっぺんをめざす若者たちがたしかに存在したことが、ありありとイメージできた。

誰が止めることができるのだろう

ケイさんは、この熱き人々を、非常に冷静に分析していた。やや長くなるが、ケイさんの分析を綴っていきたい。

『注意喚起します』がもやもやするのは、この辺りのことなんです。マオたちは、就活せずにモバイルプランナーにすごくコミットした。1人は起業までしてしまったので就活という話ではなくなったんですけど。でも結局3人全員、就活自体はちょこっとやって、それでほとんどすべての企業から内定をもらったんです。

結局3年以上のコミットをしたと思うんですけど、すごく情熱を注いだその時間、他の大学生より明らかに努力をして。総務省から注意されることもあったかもしれないですけど、それはそれとして、この**学生本人の努力自体は間違いなくものすごい熱量があって**。

それによって身に付いた広い意味でのコンピテンシー（能力）は、ただ普通にアルバイトをして、それなりに単位を取ってのんびり生きてきたような自分を含めた典型的な大学生よりかは目を見張るものがあって。だとすれば、**これを止める義理は特にないと思うんです**。自分たちが止めていいものではない。

モバイルプランナーは、その人々にとっての合理的な大学生活の、努力の1つの形です。携帯を売ると言っても実際に得になる分には得になるので何も咎めようがないっていうのが、すごく感じていたことで。実際に自分たちがあまり努力せずにのんびりと大学生活送っている中で、こんなに情熱を持っているのを、冷めた目で見ちゃう側面も当然あって。

頑張ってる本人たちはそういう視線に気付きながらも、どうしようかなっていう悩みも抱えつつも、それに振り切らざるをえない状況があったんじゃないだろうか。でもそれは自分たちがその人たちを批判するというか、冷めた目で見ちゃうとこは絶対にあるんですけど、**『よくないことでしょ』と言える義理は絶対にない**んです。だから、『注意喚起する』はやっぱりモヤモヤするんです」

モバイルプランナーの善悪

どう、解釈すべきだろう。

第3章の報道番組の引用にて、「ガクチカってなんだろうって考えるきっかけになれば」というコメントがあった。もし「就活で評価されるのが正しいガクチカ」と定義するなら、**モバイルプランナーは正しいガクチカである。**だって、内定取れてるもん。

モバイルプランナーの話をするとき、訊いてみる。直感的にでよいので答えてほしい、善いことか悪いことか、と。まあ、善いこととは言い難いかもしれないので、少なくとも、これは悪いことなのかという問いになる。

結果としては既に述べたように、何か特定の基準で区分ができない程度には、回答が割れてしまう。ただあえて言うなれば、年齢層でかなり答えが分かれる。

まず、はっきり「ダメ」と言うのは、だいたいオトナ（筆者の立場上、大学の先生が多いが……）である。そりゃいけないことでしょ、そんなこと関わってはいけない、うちのゼミ生は絶対そんなことしない。そしてZ世代の反応は、対照的である。最頻値は「**自分はやらないと思うけど、別にいいんじゃないか**」。このように**Z世代は、自分だったらどうかという答えを後ろに引っ込めるか、自分の考えと分けて答える傾向がある**。

Z世代が必ずしも否定的にならない理由はまず、お客さんも得しているなら構わない。Win-Winになっているならよい。あるいは、自分の成果になっているならよい。何らかの価値を創造できていたらよいのだという、広義のプラグマティズム（実用主義）であろう。

筆者の発表を聞いてくれていた学生が、数名訊きに来た。「じゃあ結局、モバイルプランナーって駄目なんですか？」。世の中みんなモバイルプランナーを、間違ったインターン、間違ったガクチカだと言う。逆に言うと、正しいインターン・正しいガクチカがあるってことだ。

でも結果的に自分の成長につながってて、たとえばしゃべるのが上手くなったとか、人と接しても臆しなくなったとか、あるいはビジネスについて学べて知識が付いたってことがあったとして、「それは駄目なの？」。正しいガクチカにはならないのだろうか。つーかほんとに、**正しいガクチカってなんだ**。教えてくれ（できれば面接官の方）。

そして、もう1つの正当化根拠が、本人らが満足してやってるならいいんじゃないか、という意見だ。いずれも良く言えば寛容、悪く言えば**どこか他人事**である。

ヒトのやることに口出しできない

マオさんのようにモバイルプランナーにのめり込んでいった人々はやっぱりイタくて、白い目で見られるのも仕方ない。SNSの使い方も、古くてダサい。でも、**止めるわけじゃない**。本人らが頑張ってたらいい。それだけ頑張った人々に、頑張らなかったわれわれは、何が言えるだろうか（言えないよね）。

これまた、Z世代に広く見られる思考様式だ。自己責任主義と言おうか。福岡大学の樋口あゆみは、第2章で登場したルーマンによるコミュニケーション論を扱った論文にて、「道徳の対称性」という概念を提示している。ざっくり言えば**同じ立場にないと道徳的糾弾はできないのか**どうかという問題である。すなわち、**頑張ってないヤツが頑張ってるヤツに言えることなんてない**、とZ世代は考えがちである。対称性をとても大事にしているのだ。

すぐ冷める第三者

対称性——同じ立場であることを気にする性質に加えて、**すぐに客観視する**傾向もある。

筆者のゼミに、ある方をお呼びして講演してもらったことがある。病気で大学に行けず、高卒で公認会計士試験に合格した方で、現在は会計士の枠を超えてバリバリ活躍されており、非常におもしろい話をしていただけた（なお、大学生の弟さんに「おれ大学行ってないから、大学生にウケそうな話題教えてくれ」と訊いたら、「ひろゆきを論破する方法」だと教えてもらったらしい）。

その方は講演のメの言葉として「リスクを取ってほしい」と語った。リスクを取らないと未来は変わらない。でも、リスクを取るってそんな大仰なことじゃない。いつもと帰る道を変えてみるとか、揺らぎを作ることなんだ、と。逆境から自分の人生を好転させた方ならではだ。

終わった後、ゼミ生の意見を聞いてみた。色々意見が出る中で、一番前で聞いていた学生が言った。

「あーでも、なんか**聞いてる途中で宗教みたいだなって思って**」

宗教。これまた唯言的に、言葉にした瞬間に対象を矮小化し、笑いものにできる言葉だ。インフルエンサーも推しも宗教なんだけど、それは悪い宗教ではない（らしい）。熱血とか自己啓発とか抽象的な努力目標を掲げること、物語を共有して共通目的をめざすことを、Z世代はみな宗教扱いする。**Z世代は熱くならない**。周りが見えなくなるくらい熱中する前に自分をきちんと冷まして、客観視して、「コスパがそれほど良くはない」「宗教のようである」としてブレーキをかける傾向がある。

なんでそんなツマンネー、定年前の逃げ切り態勢の人みたいな生き方をするのだろう。**オトナがそれを奨励するから**だ。

好きにしたらいいんじゃない

あなたの好きにしたらいい。自分で考えることだよ。この言葉はやさしさでもあり、冷たさでもある。オトナは若者にそう言ってきたし、若者が若者に言うのも同じ言葉だ。なんかこういうの、オトナが若者に言ってきたこと、そのままなんじゃないかなあ。あなたの好きにしたらいい。別にいいんじゃない。つくづく、自由を認める寛大な言葉であり、そして冷たい言葉だ。

Z世代はいつも冷めている。客観的にはこうである、と言いたがって、決して主観には触れない。結果が、特に客観的に測定できる結果が出ているならばよい。というか自分で決めることなので、他人がとやかく言うことじゃない。それ、宗教じゃないですか。自己啓発じゃないですか。エビデンスあるんですか。

……そのわりに(?)、ガクチカとかインターンはきっちりこなしてソツがない。相対主義がきわまって、人によるとか場合によるとか、何も言っていないようなことしか正しいと言えなくなっている。主観を秘匿して、熱く入れ込む前に冷まして、第三者として語る。なんでだろう。間違いなく、オトナがそうだから、だ。Z世代は真似してるだけなのだ。

どんな顔してなんて言えばいい

さて、本章冒頭の問いに戻ろう。学生にどう注意喚起すべきだろう。正しいガクチカを考えようね（自分でね）って言えばいいだろうか。

非倫理的ビジネスは、ときにお金の力を借りて、ときに就活という若者の未来を借りて、ときに成長という未来への渇望を借りて、若者に近寄ってくる。SNSをはじめ開かれたネットワークを駆使して、閉じられたコミュニティを作って、オトナから見えないところで活動を繰り広げる。

どうやって注意喚起したらいいのだろう。「ウチの子は優秀なんで関係ないです」なんて、とても言えない。だって、Google検索で2タッチで飛べるところにあるのだ。派手な舞台装置を用意して学生を奨励しているのだ。ネットとビジネスの力の前で、フツーのオトナは相対的にあまりにも無力だ。だからもう、「自分がいいなら、いいんじゃない」としか言えなくなってしまう。

でも、考えれば考えるほど何も言えなくなる相対主義のきわまった社会で、堂々としている人々もいる。（一部の）企業だ。ビジネス化されたものは、他者に突っ込んでいく気概を誰もかれも失った社会において、本当に躊躇なく、われわれの中に踏み込んでくる。

第5章

消えるブラック、消えない不安

——当たりガチャを求めて

不安に含まれる脅威は、おびやかされた者に、なにか特定の事実的存在可能に関して襲ってくるような、特定の有害性をもっていない。不安の「対象」はまったく無規定である。

――マルティン・ハイデガー『存在と時間』

職場とZ世代

繰り返し確認すると、ここまで本書の構成は「時系列」である。まず若者を「ＳＮＳ」と「大学」という2つの側面から読み解く（第1章）。そして「ビジネス」と「経営者」というキーワードから、若者を取り巻く構造をより明瞭化する（第2章）。次に、「就活」のフェーズが来る。若者を支配するガクチカ、インターン、コミュ力、そして成長神話（第3・4章）。

本章では「入社後」の若者について考察する。経営学者である筆者が一番本領発揮できる（すべき）ところであろうし、ここに一番興味があるという方も多いかもしれない。つまり、Z世代の部下がいて、もう既に困っているという方。特にそういった方に何か提供できれば幸いであるし、そうでない方でも興味深く読んでいただけるはずだ。さて本章では、とあるニュースの紹介から始めていきたい。

若者、急増？

2022年の12月、あるニュースが流れた。主要ポータルサイトのニュースタイトルをそのまま紹介しよう。

「『ホワイトすぎる職場』去る若者急増　『ゆるいと感じる』背景に……〝仕事の負荷低下〟」

このニュースは主要民放の朝のニュース番組で流れ、各ポータルサイトでも紹介された。学生の中に「TikTokで見た」という人がいたくらいで（！）、かなりの社会的なインパクトがあったはずだ。

ニュースに添えられた画像がわかりやすい。若手社員が寝坊してしまう。起きたら10時。出社の9時にまったく間に合わない。恐る恐る上司に電話したところ、

「ああ、別にいいですよ。むしろ午後からゆっくり来てください」

と、言われてしまったという（架空の）エピソード。怒るでも罰を与えるでもなく、実に「ユルい」職場だ。で、ニュースをそのまま読み取ると、そういうユルい職場を去る若者が急増しているのだという。ほほう。

ところで、「早期離職」という現象がある。「入社後3年以内で初職の会社を辞める」ことを意味する。とりあえず大学卒業者に絞ってみて（ちなみに高卒と大卒では数字はあまり変わらず、高卒の方がブレが大きい）、「新卒で入社後、3年以内に辞めている人」がどのくらいいるか、そして、増えてるか減ってるか、変わっていないか、ご存じでしょうか？どうなっていると思いますか？　読者の皆様にクイズを出してみたい。

答えを述べると（答え言うの早い）、**早期離職率はおよそ3割**である。「3割辞める」という事実は昔から一部では知られているらしく、筆者の知人でも、（やや年配の社会人だが）知ってる人はいた。

では、増減はどうだろう？　ここ10年でも、30年でもよい。「最近の若者ってすぐ辞めそうだよね」「転職も活発化してるからさあ」「ゆるい職場を辞める若者が急増、か」。そういった情報を頭に入れていれば、「増えている」と考えるのが自然でもあろう。実際、授業や講演で訊いてみても、増えていると予想する人が一番多い。

答えは「**変わっていない**」である。しかも、**30年くらい大きな変動がない**。厚労省の調査によると昭和62年から平成30年まで、ざっと平成の間、最低で23・7％、最高で36・6％。「最低時の1・5倍」といったレトリックは可能なものの、ほぼ変わっていないと言い切ってよいだろう。

特にここ10年くらいの安定感がすさまじく、平成22年からは31・0〜32・8％の間を微増減しながら推移している。景気や政情などをほぼ無視していると言っても過言ではない。ここまで環境要因に左右されない社会指標は珍しく、非常に興味深い。

興味深いものの、本筋に戻ると、疑問が湧いてくる。**辞める若者が急増している**？

脱ブラック化する社会

「ブラック企業」という概念がある。若者が離職するという話題で連想した方も多いだろう。つまり、わざわざ入った会社を辞めるということは何らかの意味で異常な会社、「ブラック」なのであって、だから辞めるのだろう、と。事実として、新卒の9割が辞める会社だとか業界は世の中に存在している。

早期離職はブラック企業のせいだという仮説には、安直ながら説得力はあるように思える。しかし、古屋星斗著『ゆるい職場』は、それを否定しうるデータを提供している。結論を先取りすると、**職場は着実に脱ブラック化している**。

まず法律の整備だ。残業時間や育休・有給取得率の情報開示を求める「若者雇用促進法」、過重労働を取り締まる「働き方改革関連法」、パワハラを防止する「改正労働施策総合推進法」。法が介入できず放置されてきたグレーゾーンに切り込もうという改革である。

法整備だけではない。1999〜2004年卒と19〜21年卒というグループを対象にした調査、つまりここ20年くらいの変化を捉えた調査によると、ここ20年で入社3年間の平均週労働時間は5・2時間減少しており（49・6時間→44・4時間）、これはほぼ残業時間の減少に等しい（9・6時間→4・4時間）。

労働時間だけでなく、主観的な感じ方も良化している。仕事にどのくらい負荷感を持つかという調査では、質負荷（仕事の中身に負担がある）、量負荷（仕事量に負担がある）、関係負荷（人間関係に負担がある）のいずれも、20年で軽減していた。

さらにはっきり変わったといえる指標がある。「入社3年間、一度も怒られたことがない」割合が、9・6％から25・2％に急増していたのだ。**若者は怒られなくなっている**（75％は怒られている、ということでもあるけど）。

このように、若手社員の労働環境は多面的に見て改善傾向にある。社会はますます脱ブラック化に向かっている。

不安を感じる若者たち

にもかかわらず、だ。同じ調査を受けた若者は、安心して働けているとは限らないようなのだ。

「ストレス実感」、つまり仕事にストレスを感じているかどうかの調査で、「不安」に対して4段階で答える設問において、「不安だ」（とても不安である・不安である）と答えた割合が66・6％から75・8％に、「ひどく疲れている」が同様の条件で67・2％から71・0％へと、いずれも上昇していたのである。

労働環境が改善されているにもかかわらず不安感や疲れは増大しているという矛盾が、そこにはある。ちなみに日本だけではなくアメリカでも同傾向だそうだ。雇用側である会社からすればかなりの難問である。働きやすさを改善しても、社員の不安が消えないというのだから。

エイジズムとZ世代

先述の『ゆるい職場』はこうした職場の変化について詳しくまとめており、本書もおおいに参考にしている。また関係者がネットメディア「BUSINESS INSIDER」でインタビューに答えており、以下はその一節である(太字も原文ママ)。

――そんな若手の不安を解決するために、飲み会に誘うのは効果的でしょうか?

「コミュニケーションを図ることは大事です。ただ、飲みに行ったとしても、若者の不安は解消されません。確かに、上司や先輩と飲みに行って愚痴を言ったりすると、『不満』は解消できるかもしれません。でも、**『不安』や焦りは全く解消されない**」

全く解消されない。

実に、先回りした論理構造だ。まず「職場を改善しても不安は消えない」で管理職らの不安を煽る。そして、「とはいえコミュニケーション取ればいいいんじゃないか。飲み会をしないと」と考える上司に、「そんなの若者にとってはムダです」と喝破する。

この手の、「オジサンがすり寄ったところで若者にとっては無価値、どころか逆効果」という言説は世にあふれている（余談だが、オジサンという男性に限定するのは明らかなジェンダーバイアスなのだけども、この手の言説は（なぜか）必ず男性を対象としていて、かつ男性に否定的であるので、以下、あえてオジサンと表記していく）。

ハードルが高い

とあるニュースで「忘年会は福利厚生　会社が奮闘」と題された特集が組まれていた。「若者の飲み会離れ」を懸念して、会費は会社が持つので忘年会しましょう、という痛々しいまでの歩み寄り施策である（まあでも、他人の金で飲むのは楽しいよね）。コミュニケーションを増やすことが職場の改善につながると会社側が考えていることの証左でもある。

実際、インフォーマルコミュニケーション、つまり職場外での非公式なやり取りが持つ効果については経営学でも昔から検討されているし、概ね良い効果への注目が高い。飲みニケーションだとか「古臭い日本の旧弊」とか言われがちなものの、たとえばアメリカ社会は概ねインフォーマルコミュニケーションに積極的で、重視する社会だ。むしろ、そういった「社交性」を持たない人々への扱いは非常に厳しい側面もある。

国に関係なくインフォーマルコミュニケーションは大事なのだ。

しかし先述のニュース番組では、オジサンの心を折るようなテロップが流れる。若手社員とおぼしき方が「自分で4000~5000円払って上司の話を聞くのはハードルが高い」と苦笑いしながら答えるのだ。「ハードルが高い」は、かなり柔らかな表現である。翻訳すれば「金払ってオジサンの話聞きたくねえよ」だろう。

なんて残酷なのだろう。筆者は自己認識としては完全にオジサン側なので、こんなの見せられたら若者とコミュニケーションをとる気持ちは完全に折られてしまう。

まあでも、わかる。理解はできる。まず「飲み会」に限定するなら、お酒を飲まない若年層は着実に増えているはずで、お酒を飲むことの必然性がないというのはその通りだ。酒飲んで喜んでるのはオジサンだけだ、と言われると言い返しようがない。だから、朝活でもランチ会でも、インフォーマルコミュニケーションは飲み会じゃなくたってよいのだけど。

オジサンである自分を省察しても、ネガティブなことしか思い浮かばない。とある授業で、インフォーマルコミュニケーションは大事だよ、たとえばゼミの先生と積極的にしゃべってみたらいいよ、と言ってみた。ある素直な学生さんが実際に機会をもってくれて、

「ゼミの先生と飲めるので、楽しみにしていた」。

ところが、「先生が居酒屋の店員さんにすごく横柄で、悲しくなった」とのことだった。

……すまない。いたたまれない。私を含むオジサンなんて社会悪なんだろうなあ、とますます不安になる。

飲み会に行ってもいい？

まあつまり、「職場環境は良くなろうが、若者は不安なのだ。それはオジサンごときが飲み会したところで何の意味もないのだ」という言説は、いかにももっともらしくまかり通っていて、SNSとかではおおいに支持を得られそうだ。

ところが、この支配的な仮説を覆す、驚くべき調査結果がある。ざっくり「職場の飲み会行きますか」という問いに対して、たしかにある時期、「行きたくない」が増えた。ところが近年「行きたくない」が減少し、「別に行ってもいい」が増加する傾向があるという。

この根拠も類推できる。Z世代は周囲への監視の目を絶やさず、他者評価に敏感である。そして、常に「横」を見る。みんな行ってるなら行く、なのだ。**わざわざ断るほどの主体性はない**。もっと極端なことを言おう。私に言わせれば、Z世代はオジサンを信じていないのではなく、他人を信じていない。他者を警戒して監視して、損しないように立ち回って、平均ちょっと上で得することをめざしているから、同世代すら信じていない。

そうでもないと、あんなに手の込んだ友達作りをするわけがない。だから、別に職場やオジサンが嫌いで避けたいわけでもないのだ（もちろん、積極的に好きなわけでもないだろう……）。根本的に論じるべきは、オジサンとの付き合い方ではなく、他者との付き合い方である。

先述の記事には「こうした近年の職場環境の変化は、『職場の雰囲気が変わったから』とか、『若者の価値観が変わったから』などフワッとした話ではないのです」とある（飲み会は不安を一切解消しない、もたいがいフワッとした話……）。

とりあえず「オジサンとの飲み会」が絶対NGなのだとしても、じゃあ「同期で飲み会」ならどうか、と議論したとしよう。SNSの人々は「同期ならばアリ」と言ってほしいところだろう。でも筆者の仮説としては、たぶんこれも違っている。日本生産性本部が2018年に行った調査では、職場の飲み会と友人の飲み会、どちらを優先しますか？　と問う。若者ってプライベート重視なんでしょ。そりゃ友人だ、と思うかもしれない。

結果は、2011年時点で職場優先が約6割。そして2018年には、実に8割以上が職場優先と答えている。

オジサンはダメだけど年の近い者同士なら腹割って話し合える、というのはフワッとした印象論でしかない。若者のコミュニティの閉鎖性と、他者への警戒度をナメている。

エイジズムが生む分断

とはいえ筆者は、「若者はオジサンと飲み会をすべきである」と主張するつもりは毛頭ない。そういう問題ではない。問題の所在は、1つの解決策として考えられてきた手段——飲み会——を、**年齢差だけを理由に無意味化するような言説**が跋扈することにある。

オジサンとて、自分勝手な理由で、部下に偉そうに振る舞うために、説教するために飲み会を開くわけではない。いや、そういう人もいる（すまんな）。でも、そういう人ばかりじゃない。というか、**飲み会は別に上司がやりたいからやるわけじゃない**。少なくともそれは一面的だ。上司は職場の取りまとめ役でしかない。

飲み会というインフォーマルコミュニケーションは、その**必要性と意味を社会が認めてきたからこそ残されてきた、社会的な営み**なのである。

それを、いかにもオジサン（だけ）が悪者であるかのようにもっていくと、一見問題が解決したように見えるし、支持も得られるだろう。しかしそれは、現状の改善のために本来必要であった世代間のコミュニケーションを放棄して、世代間の分断を進めることにしかならない。

人種を根拠として行われる差別がレイシズムなら、年齢を根拠にするのがエイジズムだ。飲み会をダシにしたオジサン批判はエイジズムである。むろん、若者を（若者だというだけで）ただ揶揄する言説もエイジズムなので、本書も十分に気を付けないといけない。

怒られない職場の病理

飲み会ネタで盛り上がってしまった。ちなみに、飲み会ネタは授業でもわりと盛り上がり、Z世代の間でも諸説分かれる話題だ。少なくとも、一概に飲み会を否定するような意見の偏りは見られない。

本筋に話を戻そう。職場は脱ブラック化しているにもかかわらず、若者は不安を抱えている。この問題にどう着手すべきか、飲み会は無意味か、という話をしていた。改めて、職場の人間関係について考えてみたい。脱ブラック化の1つの象徴として「職場で怒られたことのない割合が急増している」というデータがあった。

この「怒る」という現象はZ世代とも関係が深いので、次に考察してみたい。

説教かと思いました

ある学生に、ビジネスを始めるんですと教えてもらった。手作りのアクセサリーを販売するというビジネス。手広く拡大できるようなビジネスではないものの、お小遣いくらいの売り上げはあるかもしれないし、何より経験として楽しめるものではあろう。

いいじゃないですか、と言いつつ、せっかく経営学者なので何か言おうかなと思って、あるエピソードを紹介した。筆者がスタッフとして参加した起業家向けのセミナーで、投資経験の豊富なゲストが、「まずはベイビーステップ（赤ちゃんの歩み）のように、第一歩を踏み出すこと。それはつまり1人でいいから顧客を見つけてきて、その人に価値提供して、関係をつなぐことだ」と発言した。

これは名言だし、シンプルだし、役に立つかなと思って「まず1人、お客さんがつくといいですね。最初のお客さんが大事だって、経営学でも言うんですよ」と伝えた。ところが、なんだか反応が鈍い。少し会話を進めると、まったく予想外の反応が返ってきた。

「あーよかった。何か**説教されてるのかと思いました**」

つまり、アドバイスは説教なのだ。さらに言えば、オジサンのコメントはすべて説教なのだ。

説教の唯言性

説教という言葉も、見ただけで嫌になるようなツライ言葉だ。他者からのあらゆる苦言やコメントは、説教とラベリングした瞬間に無意味化する。ヤレヤレ感を出しながら「また説教ですか」と言って苦笑いするだけで、自分は悪くない感じが出せるし、相手に「嫌なことしてしまったなあ」という感覚を植え付けられる。説教ラベリングは本当に悪質だ。

いくらその人を思った言葉でも、説教と言ってしまった瞬間に無意味化できる。自分は悪くない、相手にデリカシーがなくて非常識なんだ、という構図を作ってしまえる。

当たり前だが、こんなの言葉だけの、唯言の世界だ。実際にビジネスするなら、仮に目の前のオジサンが嫌なヤツで気持ち悪くてクサい（そこまで言ってない）説教オジサンだとしても、最初のお客さんが重要な役割を持つことに違いはない。

大風呂敷は広げるけど具体性がないとか、自分は良いと思ってるけど誰も買わないとか、そんなビジネスや商品はごまんとある。まず1人のお客さんを獲得せよ、ビジネスはそこから始まる、というのは格言を超えた実践的な知とすらいえる。でも、説教なのだ、そう捉えるならば。

要は年長者や先生に求められる役割は、**いいね！ すごいね！ ヤバいね！ と、まったく惜しみない100%の、そして何の中身もない賞賛をすることだけ**なのだろう。不快を取り除いた世界。それは教育でもなんでもなく、安っぽい接客業に他ならない。

接客業とてただ褒めときゃいいだろみたいな安直さだけではやっていけないし（それを接客業と呼ぶのは接客業に失礼だ）、イマドキのキャバクラやホストクラブでも、ここまで単純なやり口は通用しないだろう（知らんけど）。

何か余計なことを言えば説教になる。褒める以外は嫌がられる。でも、褒めたところで何が得られるわけでもない。そんな関係に陥った人々にとっての解決策は1つしかない。**互いに関わらない**、である。

怒られない若者たち

説教という概念は、怒ることとつながっている。当たり前だが怒る（怒られる）というのは古今東西世にあふれる普遍的な現象だ。だが、現代の若者は、怒られなくなっている。なぜだろうか。誰しも、怒られるのはイヤだ。普通に考えたら、優等生は怒られないし、悪ガキは怒られる。世の若者は良いヤツばっかかになったのだろうか。

違う。明らかに、**オトナが怒らなくなった**のだ。つまり怒られなくなったのはZ世代のせいではなく、オトナの事情なのである。

怒るということが社会規範として否定されつつある、という流れは見逃せない。アンガーマネジメントという概念が流行るように、怒る人はそもそも間違っていて、なんかの病気かもしれなくて、人前で怒ること自体が恥ずかしいし避けられるべきだ、という志向性がますます定着している。

これは、怒ることに教育効果がないというより、**怒ること自体を絶対的に否定する時代の流れ**である。

よく出るのが、怒るのではなく叱るべきだ、みたいな話。アンガーマネジメントの講習でも、頭ごなしに感情に任せて怒るのでなく、相手を否定せず改善点を丁寧に伝え同意を確かめながら諭す、これが叱るである、みたいなのはよく聞く。言いたいことはわかるけども、暴論を承知で、そんなのは言葉をいじっただけの唯言の産物であり、実践的にはほとんど意味を持たない。だって、**アドバイスしただけで説教って言われる**んやで。

実際、現場はもっとシビアに振り切っている。「怒るということ」について雑談していたところ、とある大企業の管理職の方が言い放った。

「いやもうね、怒ると叱るとは違うとか、もはやそういう問題じゃないんだよね。会社の研修でも、もう絶対怒らないでください、**叱ると諭すとか関係なく、それに類すると思われるようなことは一切止めてください**、って言われるよ」

一度も怒られたことのない割合が近年急増している一因は、管理職研修にもあるだろう。怒る／叱る問題は、実は怒る側の方便にもなってしまう。ハラスメントに類する問題が浮上したとき「怒ったんじゃなくて叱ったんだ」という唯言的な言い訳を許してしまうことにもつながる。だから「疑わしきは禁止せよ」で、一切怒るな、と指導されるそうなのだ。

上司は会社の代理人

みんな上司をやり玉に挙げるのだけど、見過ごされている事実がある。上司は**会社の代理人として振る舞っている**にすぎないという点だ。チェスター・バーナードという著名な経営学者が「組織人格」という概念を提唱している。組織における人格が、個人の人格とは別に存在するというのだ。

多くの上司は、個人的にどう思うかにかかわらず、**会社に命じられて、怒るかどうかを決めている**。個人的にはどうでもいいけど組織人として対処することもあるし、個人的には注意すべきだと思ったけど組織人としてスルーした、ということも起きうる。

ちなみに、いわゆる大企業ほどこの傾向は強まるだろう。大企業ほど管理職向けには丁寧に研修をするし（一般論としては、研修など社員教育にリソースを割く企業はよい企業である）、コンプライアンスを気にして強い統制を行っている。

つまり結論としてはにべもないものだけども、**会社として揉め事にならないように怒らなくなった**、というだけといえばだけなのだ。

怒るなんてありえない

最近の若者を見ていると、冗談ではなく、怒った人を見たことがないのではないかと思うことがある。怒ることが教育として間違っているという観念が浸透し、ご家庭の方針として怒らないと決めているケースもあるだろう。先生や上司はさらに（組織の事情で）怒らなくなっている。

この経験のなさは危険でもある。「怒り」について免疫がなさすぎるのである。いくら間違ってるとか悪だとかラベリングしたところで、喜怒哀楽というように「怒」は人間のきわめて基本的な感情である。怒る・怒られることから逃れて生きることは珍しいし難しい。**怒りを排除した教育は、車の一切通らない道で交通マナーを学ぶようなもの**だ。実際の道路には車がバンバン通るし、車は重大な交通事故の主要因なわけだから、車を排除して交通マナーを学んでも、実践的意味は薄い（**これはもちろん、怒ることの正当化ではない**）。

結果として、驚きあきれるようなことが、教育現場では起きがちだ。**ちょっと怒るとこの世の終わりみたいな顔をする**学生は、けっこういる。めちゃくちゃ楽しそうに笑顔でおしゃべりしていて、うるさいよ静かにして、と言うと一瞬でこの世の終わりのようなツラに変わる。

この人ら、私語をしたら怒られるって知らないのか？　って思ったりする。**たぶん知らないのだ、**怒られてこなかったから。怒ることを、オトナが放棄してきたから。私語をする若者に怒ると、逆にオトナが怒られる。若者が萎縮してしまったらどうする。トラウマになったらどうする。前向きにしゃべっているだけだ。自分で考えて更生する機会を奪うのか。お前が不機嫌なだけではないのか……。

何の中身もない言葉で怒りを排除してきたのは若者ではなく、オトナである。

このような背景を経て、怒られたときの若者のリアクションは2パターンある。まずはこの世の終わりのような顔をする。次に、徹底して「自分が悪くて怒られたわけではない」と抗弁するパターンである。言葉は悪いが、**怒った学生から粘着質的に、しつこく絡まれることは珍しくない**。筆者にとっては稀少例ではない。

たとえば、リアクションペーパーで私語への苦情があったので、私語止めてねって怒ると、怒られた学生からこういう反応が来る。

「リアクションペーパーへの返答は時間がもったいないので止めてほしい」

「私たちは授業を受けに来ているので、苦情対応のために来ているのではない」

自分たちが怒られたという事実からは論点をそらしつつ、怒られる背景となった要因（たとえば、授業コメントへの返答）についてネチネチと苦情を述べる。「私たち怒られましたけど、あれ、私たちは悪くないんですよ。授業の構造の問題なんです」と言いたいかのようだ。

なんでここまでしつこく絡むのだろう。なんでそんなに怒られたくないのだろう。よほど自意識が強いのだろうか、と思ったこともある。たぶん違う。怒るというのはありえないことで、だから**怒られるのはよほど恥ずかしいことをした証明だ、と教わってきた**からだ。

怒ることを世の中から排除した結果、よっぽどのことをしないと怒られないので、怒られるヤツというのは相当恥ずかしい、ヤバいヤツだということになる。こう認識した結果、怒られるお前は最低だ、社会の底辺だ、みたいに感じてしまうのだろう。とんでもない勘違いである。怒りという基本的感情を排除した余波は、こんな意外なところにも及んでいるのだ。

いい感じに怒ってほしい

ただし、ほとんどの若者は必ずしも怒る・怒られること自体を否定してはいない（**怒ることを忌避して排除しているのはオトナである**）。怒られることに異常ともいえる反応を示すのはごく一部である（が、たしかに存在しているし、増えていくだろう）。

本章冒頭の遅刻の例で、学生に「自分が部下だとしたら怒られるべきだと思いますか？」と訊いても、案外「怒られるのが当然」と言う人は少なくない。ざっくり半数くらいは、まあそれは怒られるべきじゃないの、と思っている。

理由として多いのは「**怒られないのは逆に、見捨てられているような気がする**」という意見だ。怒ることを正当化するわけじゃないけど、愛情ゆえの怒りというものも当然存在する。若者は過度なくらい感情の世界で生きていて、だからこそ愛してほしいのだ。

ただまあ、ちょっと都合が良い。「メンタルにくるようなのは止めてほしい」「諭すように怒ってほしい」「頭ごなしに……」「感情的に……」。非常に細かい注文がつく。お金払ってるお客さんにだったら細かいニーズでも応えようとするのだけど、相手は部下だ。**お金もらってるんじゃなくて払ってる相手**だ。一番選ばれやすい答えはきっと、そうだ。「**めん**

どくさいから怒らないで、放っておく」だ。

怒らない残酷さ

本書を執筆している当時、ちょうど元プロ野球選手のイチロー氏が、高校生らに向けて話す動画が話題になった。北海道の旭川東高校野球部に招待され色々話をする中で、次のようにグラウンドで語りかける（書き起こし・句読点は筆者加筆）。

「指導者がね、監督・コーチ、どこ行ってもそうなんだけど、厳しくできないって。厳しくできないんですよ。時代がそうなっちゃっているから。導いてくれる人がいないと、楽な方に行くでしょ。自分に甘えが出て、結局苦労するのは自分。厳しくできる人間と自分に甘い人間、どんどん差が出てくるよ。できるだけ自分を律して厳しくする」

ええことおっしゃる。本当に、現代にこそ必要な至言だ。大学でも職場でも、厳しくすることがほんとにできなくなっている。オトナは若者を怒らないし、怒れなくなっている。

結果的に若者の機会を少なからず奪っているとすら思うけど、でもこの流れは止められない。それが「時代」なのだ。

時代って何なのか誰もよくわかってないけど、そうなっていったらもう抗えない、あまりに強い濁流。この令和の新しい時代に、**若者はとても「むごい教育」を、残酷なことをされているのかもしれない**。

怒られない社会・怒られない職場の病理は2つある。まず、若者の免疫があまりにも弱体化して、かえって怒（られ）ることを過大視しすぎてしまっていること。私語を注意するなんて何の気なしにされるようなことなのに、された方が人格否定のように、取り返しのつかない過ちを犯したかのように感じてしまう。

もう1つは、怒ることをネガティブに捉えすぎるがゆえに、もし若者が怒ってほしい・怒られるべきだと思っているときでさえも、上司は怒らないことを選択し、それが最善手になってしまうという問題である。

職場とビジネス化する社会

話を戻そう。若者が不安を感じている、という話だった。職場に不満があって離職することを不満型離職と呼ぶならば、職場への不満は確実に軽減傾向にある。でも、不安がある。不安ゆえの離職を不安型離職と呼ぶ。若者の離職は、不満型離職から不安型離職に移っている、らしい。そして、解決策としての飲み会は不安をまったく解消しない、らしい。

偶然なまでのビジネスの連鎖

ほな、どうしたらええねん。「BUSINESS INSIDER」記事の続きを読もう。

――今までと同じ若手育成ができないとなると、どうすればいいのでしょうか？

「人材育成という観点では『職場の外の場』を使う会社というのが、次の時代に『人で勝つ会社』になっていくと思います。具体的には外部のキャリアコンサルタントと協力したり、若手が副業や兼業をしたりすることで、みんなで寄ってたかって若者を育てる時代になってきています」

外部のキャリアコンサルタント……。若者の不安は飲み会では絶対消えないけど、外部組織を使えば消える……のか？　なんだか論点がズレている気もする。副業や兼業が、不安と何の関係があるのか（実際、記事内でも若者の不安から若者の育成へと、主題がズレている）。

実は、「若者、急増」のニュースを見たとき、筆者は仲の良い先輩にニュースをシェアした。こんなんあるらしいですよ、本当ですかね、という世間話のためだ。すると先輩は、

「これ知ってるわ」

と言った。既に知っているニュースだったらしい。

——え、どこかで見たんですか。

「管理職研修でやった（笑）」

その先輩は大企業の管理職。ちょうど先週の研修で、このニュースが引用されたそうなのだ。

——ちなみに、その研修してる会社、わかりますか？

企業名は伏せて、ある大手の人材系の企業としておこう。大企業で人事研修をするくらいあって、キャリアコンサルティングをはじめ人材系のサービスを幅広く展開する企業だ。以下はあくまで、客観的な事実である。12月8日、不安型離職に関する本が出版される。その週に、主要民放でそれに関するニュースが流れる。期を同じくして、ある大手人材会社が関わる大企業の管理職研修で同じニュースが紹介される。そして、本の著者が受けたインタビュー記事で、結論が提示される。「外部のキャリアコンサルタントと協力しましょう」。

こんな話を述べても、疑い深い現代ではせいぜい陰謀論者と思われるのがオチなので、この辺にしておく。ただ、件の先輩にインタビュー記事を見せたときのリアクションを載せておこう。

「清々しいまでのポジショントークやな……」

卑怯な企業の説明原理

前節とは関係なく、世に卑怯な企業というのは存在する。第2章で挙げた、「隣の友達が……」と言った大手就活支援業者も、はっきり言って卑怯だ。不安を売り物にしたり、無知を利用して騙すような売り方をするのは卑怯なことだ。残念ながら、無垢な若者を相手にするビジネスでも、いや、だからこそ、非倫理的な手口を用いる企業は存在する。

たとえば、通称「リクナビ問題」。リクルートキャリア社（現リクルート）が「リクナビ」において学生の内定辞退率を統計し、企業にデータとして販売していたという事件。いわゆる個人情報漏洩問題に類する。故意か過失かは別として、若者の味方のような顔をした企業が、同時に学生の情報を企業に販売するビジネスをしていたことは重く受け止められるべきで、この事例を分析した法律事務所の記述を以下に引用する。

「リクナビ上における自己の行動履歴等が機械によって自動的に分析され、『内定辞退率』なる数値が算定され、しかもその機械による評価が正しいかどうかの保証もなく、また自己による検証の機会もなく、リクナビや情報提供先企業に利用されるということについて、就職の機会を不当に妨害されないかという不安や、就職先を自ら決定する権利を侵害されたような気持ちになることは理解できる」

リクナビ問題当時は、業界最大手のサービスが行政指導を受けるという衝撃に、不安の声も聞かれた。リクナビは消えるのか、就活どうなるのか、と。実際、いくつかの有名私大は、リクナビを学生に紹介することを止めると表明した。

しかし結局のところ、非倫理的な問題を重視するよりかは就活が滞ることを恐れて、問題を看過した大学・人・企業も少なくなかっただろう。

なにより、リクナビを叩けば終わりなのでなく、就活界隈の根本的な体質改善が求められるような事案であったはずだ。でも、「毎日新聞デジタル」の記事タイトル（2019年12月17日）は象徴的だ。「リクナビ問題『政府が行政指導』でも淡々と進む就活」。

リクナビをめぐっては、2023年に著名なインフルエンサーが「オンライン就活セミナーでサクラになって、質問誘導している」と暴露した。要は説明会を盛り上げるための仕込みである。そして社員間のチャットでは、一部大学を「動物園」扱いしていたとも。

リクルートで働けるような方は社会的には「エリート」だし、無知で無垢で、不安にすぐ流される学生はたしかに、アホの集団に見えるだろう。だがそれは**卑怯なやり口が許容される理由にはなりえない**。

筆者は学生に意を決して言ってみる。「皆さんね、ナメられてますよ。動物園だとか。友達を引き合いに出して不安を煽れば、ホイホイ言うこと聞くんだと」。みな神妙な顔をする。でもきっと、ビジネスには抗えない。きっと不安に克てない。不安には根拠がなくて、他人に不安を植え付けるのにも根拠は必要ない。

必要なのは罪悪感の「なさ」である。卑怯な手段を用いる抵抗感や倫理観さえ欠如していれば、実行は簡単だ。そして**ビジネスには、倫理という安全装置を簡単に外せてしまう力がある**。ああ、それでも「淡々と進む就活」。

卑怯な企業と対峙するために

ところで、「企業は卑怯だ」という前提のもと構築された理論があることを紹介しておこう。ノーベル賞学者オリバー・ウィリアムソンが大成させた「取引コスト理論」である（ウィリアムソンは、経営学者ではなく経済学者であるが……）。

取引コスト理論は、企業が情報の非対称性を利用して、機会主義的行動をとることを想定している。かみ砕くと、片方しかわからないような情報を用いて相手を騙すような行動をとる、ということだ。

「1年生から就活をしないと内定が取れずにみじめな思いをする」と学生にのたまう企業はまさにそれである。どのくらいの就活をすればどのくらい内定が出るのかに関する情報は、企業側はある程度知りえても学生は知らない。均質でなく非対称である。これを情報の非対称性という。

なので、企業は学生を騙し放題である。機会主義的行動とは、相手を騙すような行動をさす。非対称性は利用しやすいのだ。

何が言いたいかというと、企業は騙すし裏切る（ことがある）ということを知って防御策を講じることもまた、企業や企業に関わる個人には必要なのである。**それを経営学は教えてくれる**。

道路には車が走っている。ルールやマナーを守らない車もいるし、そういう車がいたときの対処もときに必要だ。覚える価値はある。そういう想定を無視して、車が走らない道でいくら交通ルールを教えたって、若者が生きるすべを学べるわけもない。

社会経験のジレンマ

企業は騙すし裏切る（ことがある）。不安をビジネスに利用することに躊躇のない企業はたしかに存在し、ビジネス化された社会の中では正当化されがちである。

とはいえ、もちろんすべての企業が卑怯なわけもない。ちゃんとした就活支援サービスやキャリアコンサルタントもいるだろうし、リクルートが不祥事を起こしたとしても、個々の社員さんが悪人なわけじゃない（たぶん）。多くの会社はマトモなのだと信じたい。

そもそも学生が、きっちり自衛していればいいのだ。たとえば、大学でちゃんと学んで経験を積めば、そうそう簡単に騙されることはないだろう。第１・２章で少し触れたように、現代の高校・大学では「実践型教育」とでも呼べるようなプログラムがかなり浸透している。地域からの課題をもらって課題解決をめざすＰＢＬ（Problem/Project Based Learning）などが該当する。

『ゆるい職場』は、「学生の社会経験（社会的活動）」についての調査を紹介している。ここでの社会経験とは、社会人と交流する、ビジコン（ビジネスプランコンペ）やＰＢＬに参加する、企業や官公庁との連携系の授業に参加する、などを指す。

社会経験を積めば就活への不安も減るだろうし、経験があるぶん職場で不安になることも減るんじゃないか、とは思える。**そうはいかないのが社会の難しさ**だ。

ヨソじゃ通用しないんじゃ

調査では、「自分が他社や他部署で通用しなくなるのではないか」という問いを設定しており、ざっくり「自信がある」「わからない」「不安がある」の3つの答えが用意されている。結果としては、経験が多数になるほど、「自分が他社や他部署で通用しなくなるのではないか」に対する「わからない」の割合が減ることが判明した。

問題は次である。「自信がある」の割合が増加すると同時に、「不安」も増加するのだ。つまりこの結果から解釈すると、**社会経験を積んでいるほど自分の（相対的な）実力に不安を感じてしまう**、ということが起きるのだ。

ある学生のたとえはなかなか的を射ていた。

「自分は不安が増す方かなと……受験勉強がわかりやすいですね。自分は受験勉強してるときも、なんかすればするほど自分ってできてないな、と思って不安になっていました」

まったく勉強していないヤツが、テスト前に妙に自信満々なこともある。それは知らないからである。だんだん知っていくと、自信がつくと同時に、ああ自分はあまりできてないなとか、もっとできる人がいるんだなと感じてしまう。それはたしかに不安を喚起する要因となる。

経験の多さはまた、離職にも関係しているようだ。入社前の社会経験が多数（4回以上）であれば、初職離職率（早期離職率のことではない）は25・4％にのぼる。経験なしは11・7％であるので顕著な差が確認できる。

おそらく、あまり世間や他社を知らないと、「こんなもんか」と思って辞める気もなくなる。ところが、自ら学習して経験を積んだがゆえに、「もっと良い会社がある」「ここではいけないような気がする」という気持ちが強くなり、会社を辞めるというメカニズムが働くのだ。

不安、実感、ガチャ

もちろん離職自体は一概に悪いことではなく、前向きな離職もたくさんある。ただ、不安に駆られて離職するというのは危うさも含む。不安は根絶しづらく、根拠もなく湧くものだからだ。

そんな不安に駆られる現代の若者を、そして現代の転職を象徴する言葉がある。先ほどの問いにもあった「**自分は、他《ヨ》社や他部《ソ》署で通用しないのではないか**」である。略して「ヨソ通」問題、と名付けよう。

若者はいつもこの問いに対して不安を抱えている。だから、不満をいくら潰しても離職はなくならない。ましてや、飲み会をしてもムダである（だから外部の……）、というのが『ゆるい職場』の結論だった。ユルい職場で離職が起きるというのは、上司がユルいと、**「こんな職場では自分は成長できない」と思い、不安を抱え、転職を考えるというロジック**である。不安。成長。本書のキーワードがだんだんつながってきた。

若者に、そして現代の社会に通底する、決定的に難しい構造が見えてきた。言うなれば、マジメな人ほど迷うのだ。まったく社会を知ろうとせずなんとなく会社を選んだ人は、逆に不安になることなどない。社会を学ばないといけない、そういう要請に応えないといけないとして経験を積んだ人ほど、かえって不安になってしまう。

それはなんだか、色々気にして怒ら（れ）なくなるとか、他人のためを思うからこそ関わらないようになってしまうことと、似た構造の中にある問題だ。何かを深めよう、良くしようと思うからこそわからなくなり、何もできなくなるのだ。

成長「実感」

この「成長」を職場や離職と絡める言説は、いっそう盛り上がってきている。昭和の根性論、平成の働き方改革、もう古い。令和は「やりがい」だ（みんな時代好きやね、ほんまに）。成長機会を与えられるかどうかが評価の分かれ目なのだ、という言説は、そこかしこに見られるようになってきた。脱ブラックなんて当たり前。ここからは不安の解消、成長を与えられる職場が勝つんです、と。

贅沢になったというか、だんだん良くなってるじゃないか、職場。でも、まだ足りない、もっと努力しろと迫る、無限のビジネスがいつもそばにいる。

ここで、本書のキーワードの1つでもある「成長」について少し立ち止まって考えてみたい。成長もきわめて大事ながら、とても唯言的な概念だ。特に、**成長と成長実感という概念の違い**には注意が必要だ。成長とは、個人の能力やスキルの向上を意味することが多い。測り方はかなり多様だし、万人に適用できる基準はないようにも思う。

そして、成長「実感」という言葉もよく用いられる。実感というのは明らかに主観的な感覚だし、成長よりかえって測りにくくて検証しづらいように思う。しかし、実はとても便利な指標なのだ。

なぜなら実感は、「成長を実感できましたか?」というアンケート項目に答えさせればいいだけだからだ。「実感しましたか?」「はい」「あ、じゃあ実感しましたね」。これだけでいい。成長と成長実感は、かなり異なったモノを意味している。

かつて花王のヒット商品となった「モイスチュアベール」は、スキンケア化粧品の先駆けである。チューベローズという植物由来の物質を用いて「とろみ」を付与したのがポイント。なぜとろみが必要かというと、効いてる「実感」が生まれるからだ。この頃に化粧品メーカーは、「効果」のみならず「実感」が売り上げに影響することに気付き始める。

成長実感は、成長がなくとも成立する概念だ。成長は大事なのだけど、未熟な若者が成長実感することを重点指標において、本当に良いのだろうか。人生で一番楽しかったのはテーマパークだったと実感するように、職場をテーマパーク化して楽しさ実感！　みたいになる将来を筆者は危惧している（杞憂に終わりますように）。

繰り返すが、**成長実感に実際の成長は必要ない**のだ。

もっといいのがあるんじゃないか

「こんな職場では自分は成長できないのではないか」、これが現代の若者を象徴する問いだという。この問いはまた、ある前提を認めることで成立する。つまり、**探せばもっと良い職場があるはずだ**、という前提である。今より良い職場がないなら、あきらめもつく。あるかもしれないから迷うのだ。

今の自分の職場に不安を持つ。遅刻したのに怒ってもくれない、見捨てられた気がする（よく考えると遅刻したのは自分なのに、勝手なもんである。人間なんて勝手なもんよ）。このままじゃ、自分は成長できない。もっと、メンタルやられない程度にやさしく怒られたい。そういう、自分が成長できる職場に行きたい……。こういう考えから導かれるのが不安型離職である。

そして転職エージェントは「そんな職場ないよなあ……と思うじゃないですか。ウチなら紹介できます」と言ってくる。成長だの、他で通用するだのという話は、違う場所でなら……という反実仮想を前提としているから成り立つ。

もっといいのがあるんじゃないか、ガチャ引けば

こうした未来への期待を前提とした考えと、とても親和性の高い概念がある。**ガチャ**である。「親ガチャ」が最も流行った言葉だろうか。社会的地位の高い、お金持ちの家に生まれるのは親ガチャ当たり。で、親ガチャに当たらないと人生はうまくいかないのだ……という、(非常に浅い)運命決定論に基づく。

こういう概念は安っぽくてバカらしいと同時に、なんか語感も良くて使いたくなる、ジャンクフードみたいな魅力がある。配属ガチャ、もあるらしい。意に沿わない配属になってしまって、不満や不安を抱える。早期離職の主因とも推察されている。

ガチャ概念の特徴の1つは、確率が固定されていて自分で変動させる余地がない、というニュアンス。要は徹底した他責である。親ガチャ外れたから仕方ない。配属ガチャ外れたからやる気でない。ちなみに大学周りでは「ゼミガチャ」もあるようだ。4月頃、学内の売店で学生がでかい声で話してるのを聞いたことがある。

「ゼミ、ハズレやわ！　課題はラクやからまだええけど、ゼミ生がハズレ」

ちなみに、確率が固定されて介入できないガチャを当てる方法はおそらく1つで、試行回数を稼ぐことである。なので、確率が低かろうが何度も挑むというのはけっこう大事。ただ、親も配属もゼミも、試行回数を稼げないという意味では困ったガチャである。

婚活ガチャ

ガチャ概念は日常に浸透し、ときに問題も引き起こしている。高橋勅徳著『婚活戦略』には、次のようなエピソードが出てくる。

いわゆる婚活の典型例に、婚活パーティーがある。10～20人くらいずつ男女で集まって、1人5分で自己紹介。意中の人を指名してマッチング、カップル成立すれば個別で連絡先交換、みたいなシステムが典型的だ。

実際に婚活していた著者の高橋先生、まったくモテない。パーティーの後半はモテない同性で集まって話すという過酷な環境を強いられる。そのような苛烈な状況で、さすが研究者である高橋先生はある事実をするどく発見する。**女性側の指名がトップ男性に集中している**というのだ。

つまり、20人も婚活男性が集まると、年収・職業・見た目など、やはり突出した人が現れる。女性はことごとく、その男性に群がる。1位に集中するのだ。しかし、考えてみると、だからこそ2番手3番手に行くとか、あえて5番目くらいを選べば独り勝ちできる可能性は高いし、決して悪い戦略ではなかろう。20人中の5番目なら十分上位だ。ではなぜ、そうならないのか。なぜ偏るのか。

高橋先生は実際にある女性に聞いてみた。なんで1位に行くんですか？　と。見目麗しいその女性は、あっけらかんと言ったという。

「一番若くてイケメンのところに行くよね。ねらっているイケメン以外、話はするけど、申し訳ないけど眼中にない。今日マッチングしなくても、こういうパーティーは次があるし。だって、別に、次のパーティーで見つけたらいいじゃない」

妥協はしたくない。今回がダメでも次があるじゃない、ということだ。女性はケラケラ笑って、1位男性のもとへ戻っていったらしい。まさに、**婚活ガチャ**だ。勇気を持って未来に投企することと、不確かな未来に先送りすることとは、紙一重である。
かくして「婚活パーティーのリピーター」という、一番あってはならない優良顧客が出来上がる。ちなみに、ビジネス的には最も対応が楽でおいしい顧客である。

ガチャ概念の誤謬

運のなさを嘆き、未来に託す。当たりが出るまで引く。だいたい有料である。これがガチャであり、親ガチャや配属ガチャといった概念はますます世を支配していく。もちろんガチャ概念には批判や忌避感も多い。あまりに他責な思考、運命決定論を無批判に受容する反努力的な態度、などが主たる批判の中身だ。

鳥羽和久という、塾を主宰し、教育関連の執筆も多い方が『君は君の人生の主役になれ』という本で（熱いタイトルだ）、ガチャ概念の根本的な問題について指摘している。鳥羽氏の指摘は通説と一風変わっており、かつ核心に迫っていると感じる。すなわち、「**ガチャ概念の最たる誤りは、当たりがどこかにあると錯覚している点にある**」というのだ。

最も卑怯でかつ儲かるガチャがあるとすれば、**当たりを入れずに引かせ続けられるガチャ**、になるだろう。お祭りのテキ屋さんが当たり入れてないだろって言われたり、「ソシャゲ」黎明期には排出確率を操作している、誤表記しているといった問題が出たこともある。そして、この論理は現実のガチャ概念、特に婚活ガチャや配属ガチャにも非常に当てはまっている。自分の引いたものが外れで、どこかに当たりがあって、だから「ガチャに外れた」と言うのだけど、そもそも当たりって何なの？　どこにあるの？　という話なのだ。「ゼミ外れやわ！」と叫んだ学生さんに、当たりはやってくるだろうか。「ゼミ生がハズレ」とは、陰キャが多いとか、話が合わないとか、かっこいい男子・かわいい女子がいないとか、大方そういうことだろう。

では、当たりとはどんな状況か。一緒にいて楽しくなるような学生たちが、初回でゼミハズレやわと叫ぶようなヤツを相手にしてくれるだろうか。美男美女に囲まれても、別に自分のものになるわけじゃない。優等生に囲まれても、かえって劣等感や疎外感を持つかもしれない。恵まれた環境が自分に都合の良い結果を導くとは限らない。

もっとありていに言っちまえば、**ガチャだの喚いてる他責思考の人々に、当たりなど永遠に回ってこない**。当たりを当たりだと認識する認知能力がないからだ。あるいは、スジの良い状況を当たりに持っていく力がない。**自ら周囲に働きかける力なくして、当たりを引くことなどありえない**のだ。

もちろん、絶対的貧困など、自らの力でどうにもならない逆境のもとに生まれ苦労を強いられる人々はいる。それは明らかに助力が必要で、社会として対応しないといけない課題だ。でも、配属や婚活はちょっと事情が違う。お金持ちの子だって、有名人の家の子だって、特有の悩みはあるだろう。現状への冷静な評価や価値判断を抜きにして当たりを求めたところで、ガチャの当たりは永遠にやってこない。

そして、気付かずにガチャを引き続ける人は、特定の人々――たとえば非倫理的ビジネスを営む人々――にとって、この上ないカモである。

興味を持てないのです

本章では、不安型離職といった概念から、職場とZ世代のあいだに生じる問題について考察してきた。現代は、不安がビジネスになることに気付いた企業がピンポイントでわれわれを刺しに来る時代で、転職を含む就活ビジネスも例外ではない。不安を利用するビジネスは唯言やエイジズムを駆使してオトナから若者を分断し、翻弄してくる。若者は特に知識が乏しくて経験がないのでターゲットになりやすい。

同時に、経験を積むと余計に不安になるというジレンマもある。怒られることは成長の契機かもしれないけど、オトナは怒っちゃくれない。飲み会も救っちゃくれない。不安は募る。次を探そうと思ったとき、それは終わりなきガチャ沼への入り口なのかもしれない。もうなんか、救いがない。どうしたらいいんだ。

本章の最後に、筆者が実際に遭遇した問題を紹介しよう。4月から働き始めた新社会人、つまり元学生。在学中はそれなりに仲良くしていた学生から、7月頃に連絡が来た。送られてきた、そのままを載せておく。

お久しぶりです。○○です。

先生にお聞きしたいことがあって連絡させてもらいました。

聞きたいことは**私は興味ある仕事に就いた方がいいのか？**ということです。

私は不動産系の会社で営業をしていて、上司によく指摘されることがあります。「不動産にもっと興味を持て」ということです。興味ないからかどうしても仕事を振ってくれるまで動けず受け身の姿勢になってしまいます。実際にどのマンションはこの不動産が造ってるかなど自分なりに興味を持とうとしますが続きません。

このような状況なら**早めに違う仕事を探した方がいいのかな？**など最近悩んでい

ます。

こういう場合のアドバイスなどありますでしょうか?

お忙しいところ申し訳ございませんが回答してくれると嬉しいです。

どうだろうか。本章の文脈にも合致する、そしてあまりにリアルな問題だ。配属ガチャかはたまた上司ガチャか、いずれにせよ今の職場はフィットしていない。不満を言うよりは、不安を持っていることが感じられる。ヨソを探すべきか、入社1年目からさっそく迷ってしまっている。

ネット記事によると、飲み会はムダだから、外部のキャリアコンサルタントを頼るしかないようだ。

皆さんならどう答えるだろうか。あるいは、自分が当事者だったらどうするか。ここはあえて、終章である次章に回答を先延ばししておこう。

Z世代の声④
「自分にぴったり合った仕事」ってあるのかな？

アルバイトでお客様に「本当にこの仕事が合ってると思うよ」と言ってもらった。それは嬉しいしありがたいでも「人間は演じるもの」だし、本当の自分なんてわからない

「あなたに合った仕事が見つかる」というのは、本当にたまたまで、稀少例だと思う。一般的には当てはまらない

就活で自己分析をして適性を考えてみても「真の情報」は出てこない。ある程度、しかないのかなあと

YouTuberや歌手・俳優は、自分の特性を活かして仕事をしているはず。それはぴったり合った仕事をしていることになるのでは？

色々考えて、2つ要素があると思う。1つは、自分がやりたいことと合っているか。もう1つは、得意でスムーズにできて評価も高いということ。前者は、仕事では必ずやりたくないことも出てくるから、なさそう。後者は、見つかるんじゃないかと思う

中高時代にお世話になった先生に就活の相談をすると、よく、「好きなことは仕事にしない方がいい」と言われます。これを聞くたびに半分正しく半分違和感を覚えます。というのも、「どんなに好きなことでも仕事にしてしまったら好きじゃなくなるかもしれない、好きなものは純粋にそのままの状態で保っておくべきだ」と思う反面、「好きじゃないとその仕事への熱量が下がるのは感覚的に想像できる」とも思うからです

第6章

不安と唯言のはてに

——われわれに何ができるのか

自分の仕事に就き、そして「日々の要求」に――人間関係のうえでもまた職業のうえでも――従おう。

マックス・ウェーバー『職業としての学問』

――訳者・尾高邦雄曰く「日々の仕事に帰れ」とも。

Z世代化する社会

本書ではここまで、Z世代と呼ばれる現代の若者をとりまく環境を考察してきた。SNSをはじめとするネットメディアによってバーチャルとリアルが渾然一体とした世界で、友達といつでも容易につながれる環境下で、監視し合いながら友達に依存してZ世代は生きている。

Z世代は「消費の主役」としても注目されている。それはつまり、常にモノを売りつけられる対象だということだ。巨大資本の集約の成果もあってZ世代を魅了してやまないテーマパークは、不快を排除して享楽だけを追求した（そこそこ値が張る）楽園であり、大学もテーマパークであれ、お客さんに楽しいことだけを提供する場所であれ、と求められている。

インフルエンサーもまた、不快の権化であるアンチと、徹底的に信奉するファン（アンチ－アンチ）を明確に区分することでビジネスを推進させる主体であり、現代を象徴する存在だ。

もう1つ、現代のビジネスでは、不安がおおいに利用されることがある。不安には根拠が要らない。一度不安に思わせてさえしまえば、強力なリピーターとしてビジネスに貢献するようになる。現代には様々な不安ビジネスがあり、たとえば就活ビジネスはZ世代をターゲットにしており、おおいに不安を活用している。

就活がZ世代に与える影響と重圧は凄まじく、ときに非倫理的ビジネスを肯定する材料にすらなる。ガクチカ、インターン、就活をとりまく状況はきわめて唯言的で、意味内容の伴わない「唯《ただ》の言葉」にZ世代は翻弄されている。

また「成長」という言葉は、ある種の魔力を持ってZ世代を煽動する。友達を相手に商売を仕掛けるという「一線」を越えるZ世代の背景には成長への飽くなき欲求があり、ビジネスは資本を以て若者が成長する舞台装置を整える。多くのZ世代はそれらを「イタい」と冷ややかに思いつつも、どこかで「口出しできない」とも思っている。

そんなZ世代は、職場に入っても不安に駆られている。職場環境は良くなっているのに、不満は消えているのに、不安は消えない。「他社・他部署《ヨソ》で通用しなかったらどうしよう」という問いは、Z世代を容易に不安に追い込む。エイジズムは、その助力となりうるコミュニケーション機会を確実に奪い、分断へといざなう。

どうしたらいいのだろう。どうすれば、現状は少しでも良い方向に変わるだろう。

社会を写し取ったもの

突然だが、ここで本書の草稿を読んでもらった方からの感想を載せたい。ちなみに感想を寄せてくれた方は「オジサン」である。

「Z世代を構成する要因って何なんだろう？　と単純に思った。すごく局所化してるのに量だけはあふれてる情報にドップリ浸かって、かつ、SNSみたいに簡単に他者にアクセスできるようになったら**オジサンも同じようにならんのかな？**

オジサンは既に社会で生きてきた経験があるから、ならないのかな？　とも思うけど、自分の経験則がまったく通じない環境で同じようにツールだけ与えられたら、Z世代化しそうな気もする。

つまり、**Z世代の特徴って、実はそんなに特別なことでも、オジサンから理解しがたいことでもないいんじゃないかなー、と。**ここまで読んで、なんかもっとわかり合えそうだな、と俺は思ったな」

この感想は「我が意を得たり」である。つまり本書の中核となるメッセージ、１つの結論として改めてお伝えすべきことは、**Ｚ世代はわれわれの――Ｚ世代以外を含む――社会の構造を写し取った存在であり、写像である**ということだ。

若者は経験が浅く、雑味がなく澄んでいて、だから外からの影響を受けやすい。社会の構造なるものが生まれる――たとえば不安を利用したビジネスが横行する――とき、社会に在るわれわれは、多かれ少なかれその影響を受ける。なかでも若者は感度が高く適応が早いので、いち早く構造を反映して言動に移す。

だから、異様に見える。でも異様に見えるＺ世代は決して地球外から来たエイリアンではなく、社会構造をより純粋に敏感に写し取った、先端を往く者なのだ。ビジネス化する社会も、不安を利用する社会も、唯言的な社会も、若者の方が影響を受けやすいというだけで、**確実にわれわれにも影響している**。Ｚ世代はこれから就活に挑むし、われわれはもう就活を終えてしまったというだけの違いである。

Ｚ世代と、それ以外の他者としてのわれわれをつなぐかすがいは、ここにこそ在る。協働のための、一緒にうまくやっていくための鍵は、共有できるものは、同じ推しを推すことではない。同じＹｏｕＴｕｂｅを視聴することでも、一緒にテーマパークに行くことでもない。**社会の中で、われわれのあいだに同じ構造が在ることを認識し、どうやってそこ**

から生きていくのかを一緒に考えることにあるのではなかろうか。

現代社会とはいわばZ世代化する社会である（タイトル回収）。時代の最先端を走るトップランナーでありアーリーアダプター（最初期に適応する人）である若者を観察すれば、われわれの置かれた社会構造がより鮮明に見える。Z世代が、意識・無意識によらず感取し現前化させたものこそ、われわれの生きる社会を表したものなのだ。

時代ってなんだよ

もう1つ、主張しておこう。若者が社会構造を先取りしていて、いずれどの世代もそうなっていく、という構図そのものは、時代によらず共通しているだろうということだ。なぜわざわざそんなことを強調するのかというと、Z世代だとかこの手の若者論は、「時代」という言葉で簡単に処理され、忘却されがちだからだ。

そもそも時代ってなんだろうか。現代人は本当に時代が好きだ。「令和の時代」って、何度見たこととか。でも、時代ってよく考えたら、「みんなそうやってるから」という同調圧力に他ならない気もする。

同調圧力と言ったら日本人特有のなんだかんだとネガティブに捉えられるのだけども、

時代って言い換えれば、有無を言わせない正しさを備えたような気分になれる。たとえば「体罰」について考えてみる。現代では体罰は限りなく忌避されるし、加害側が明示的に罰を受けることも多い。

ところで、なんで体罰がダメなんですか？　と理由を考えてみよう。多くの方は「そういう時代だから」と答えるのではないか。

あえて断言しよう。時代だからって言う人は、時代が許せば「やる」側に回りうる。つまり、みんなダメって言うからやらないってことであって、こういう方は、時代が許せばやる側に容易に回っていく。殴る時代が（再び）来れば、体罰を糾弾していた同じ人が、堂々と殴るようになるはずだ。それって怖いことじゃないだろうか。

つまり、筆者としては、時代は容易に繰り返すと考えている。今、世の中は怒ることが忌避されて、若者に極力ストレスを与えないようにできている。でもそれは、多数派が変われば容易に覆される構造なのだということを知っておかないといけない。

ある学生さんは言った。

「怒ることが嫌われるっていう話、納得感はすごくあります。と同時に、予備校なんかだと、暴力的な講師とか、人格否定する講師でもけっこう人気があって好かれてたりするんですよね」

なるほどなあ、と思った。つまり、状況やノリが許せば、怒っても厳しくしても、なんなら人格否定してもアリなのだ。受験勉強って、生徒側はけっこうハイになってたりもするので、叱咤やきつい物言いは興奮状態を喚起することがある。受け取る側によっては、忌避されるはずのことが受容されてしまうのである。

われわれが安易に乗っかる「時代」は、その程度にあやふやなのだと思うべきだ。時代が許せば、人々はいとも簡単にハシゴを外せてしまうのだから。

仕事に不安を持ったなら

Z世代は、われわれの社会の構造を写し取った存在である。

で、だからなんやねん（So what?）と思ったかもしれない。まあ要するに、不安型離職をするのはZ世代だけじゃないかもしれないよ、ということだ。Z世代はより経験がなくてピュアだから報道を信じやすいというだけであって、30代も40代も、ふとユルい職場に気が付いて、手ごたえのなさに不安を持って、離職を考え出すかもしれない。そういう意味で、若者とわれわれは何も違っていない。

Z世代は不安で離職するらしいぞ、お前なんとかしとけ、と命じられたオジサンが、気付けば離職していた……なんて、笑えない話じゃないだろうか。

つまり、本書で紹介したようなZ世代の危機は、われわれにも同様に襲い掛かる。そんなとき、われわれはどうしたらいいのだろうか。

ミスフィットは必然に

「ジョブ・クラフティング」という概念がある。仕事をクラフト(工芸)のように捉え、自主的に再創造することを意味する。ジョブ・クラフティング自体、不安や離職の解決法に直結しうるものの、本書では深入りしない。

日本の代表的なジョブ・クラフティング研究者である高尾義明の著書『「ジョブ・クラフティング」で始めよう——働きがい改革・自分発!』を、筆者のゼミで輪読したことがあり、その話を聞いた高尾先生が直々に学生にメッセージをくれたことがあった。その一節を（勝手に）引用したい。

「もちろん、ジョブ・クラフティングという考え方がより効力を持つのは、就職してからです。**自分にぴったり合った仕事というのは、世の中に存在しないことが普通です**。それでも、自分にとっての仕事の手触り感を自ら高めていくことは可能だということを、何かの折に思い出すと、仕事への向き合い方が変わるかもしれません」

これ自体金言である。で、筆者をくぎ付けにしたフレーズ。**自分にぴったり合った仕事というのは、世の中に存在しないことが普通です**。

卓越した経営学者は言う。ぴったり合った仕事など、ふつう世に存在しないのだと。ミスフィットは、必然的に生じるのだと。ほんと？　なぜ？　どうして？　転職エージェントは、（ガチャを回せば）あなたにぴったり合った仕事が見つかる、って言ってたじゃない。

気に食わなさはかれない泉

ミスフィットが必ず起きる理由は、いくつか考えられる。まず、**仕事の評価軸が非常に**

多様であるからだ。第5章の調査でも、質負荷・量負荷・人間関係負荷という3つの指標が登場した。仕事の難しさ・仕事の多さ・仕事の人間関係、である。他にもたくさんある。給料が安い（ふつう若手社員の給料は相対的に安い）、通勤が大変だ（間接的なしんどさ）、社会的ステータス（友達に自慢できる）、などなど。

何者かになりたいZ世代は、何者かになったことを他者に自慢したい。今働いてる会社、かなりいい感じだ。人間関係は良好だし、給料も良い方みたいだ。再会した大学の友達に自慢する。すると、半笑いで返されるのだ。

「どこ？　その会社。知らない（笑）」

途端に、自分の会社に価値がなく思えてくる。極端な例だが、友達に依存した唯言の世界に生きていると、こういうケチのつけられ方が効いてしまう。

余談ではあるが、学生は知っている会社、つまり知名度を目当てにして就活をしがちである。しかし、「知らない会社」には優良企業、知られざるホワイト企業がたくさんある。そのほとんどはB2B企業である。

逆に学生でも知っているということは、広告宣伝にかなり注力している企業、つまり、

巨額の広告宣伝を行わないと顧客が獲得できない企業だということである。ほんとに違いはそれだけである。友達が知っているかなんてほんとにくだらない基準だけど、友達と切り離されると生きていけないZ世代は往々にして気にしがちである。

まあ、つまり、**仕事のどこかは自分にフィットしていないはず**なのだ。

経営学者・関口倫紀が「フィット」についてまとめた論文によると、そもそもフィットの種類はかなり多様である。会社とのフィットなのか、それとも仕事（職）か。グループになじむフィット、会社が必要としてくれることのフィット、天職と感じるフィット……。

フィットはとても多義的で、その中のどれかが当てはまれば十分なものだ。でも、そのすべてがフィットしてないと、少しでも不快が交じるとイヤだと思ったら、フィットなど永遠にめぐってこない。

また、大学の楽しい生活と比較して相対的に楽しくない、という不満も考えられる。大学はテーマパークだから楽しい。でも、会社は楽しくない。当たり前である。会社はお金を払っている。不快を排除して楽しいことだけ与えてくれるわけもない。つまり、**テーマパーク化された生活に慣れきって楽しさの水準をそこに合わせてしまっている人は、仕事が絶対に楽しくなくなる。**テーマパーク化の罠である。

事前期待と事後結果

次なる、ミスフィットの理由。ミスフィットとは当たり前ながら、何かと何かが不一致であるという意味だ。この場合、**仕事に対する事前の期待と事後の結果がフィットしていない**、と解釈できるだろう。

リアリティショックという概念がある。早期離職や、若者の職場への不満因子として注目されている。いざ会社で働き始めて現実（リアリティ）に直面してショックを受けるというのだ。人間関係がよさそうと思って入った会社が日常ではギスギスしててショックを受けるとか、配属が希望する部署と異なっていた、などもリアリティショックに含む。

リアリティショックでは「事後結果の低さ」が注目されがちだ。つまりリアルは甘くなくて醜悪である、と。「社畜」なんて言葉（とてもよくない言葉だ）を弄する人々からすれば、会社に期待なんかするのが間違いなのさ、なんて思っているかもしれない。

筆者の読みでは、リアリティショックは逆に**事前期待の高さゆえに起きている**のでないかと推察している。つまり、（何も知らないのに）会社に期待しすぎているのだ。たとえば、やりがいのある仕事。1年目からバリバリ頑張れる仕事。そんなものを期待していたら、ユルい職場で拍子抜けする。1年目は研修と雑用ばかり。いつになったら大事な仕事を任されるのだろう？　不安が湧いてくる。ヨソだと通用しなくなるんじゃないか？

内発性信奉の罠

社会心理学者の古川久敬は「内発性信奉」という概念を提示している。世の中で内発性が過大視されすぎているのではないか、という指摘だ。内発性とは、外発的つまり外部から与えられるのでなく、自分の内部から動機付けされていることを指す。要は、「好きな仕事だから頑張れる」みたいなアレだ。

もちろん、好きなことを仕事にできるとか、仕事が好きになるとかは素晴らしいことだ。そういう人は幸せだとも思う。同時に、それはかなり難しい。いろんな意味で難しい。古川は「マルチタスクの罠」について解説する。すなわち、マルチタスクを求められる職場において特定の仕事に内発的動機付けが高い人は、他の仕事の内発的動機付けが低くなる傾向があったというのだ。

具体的には、百貨店の店員が挙げられる。百貨店の店員は、ざっと接客、商品棚の補充や整理、バックオフィスでの事務仕事、後輩への教育や上司への報告など社内コミュニケーション、といった複数の仕事（マルチタスク）をこなすことが求められる。このうち、たとえば接客が大好きで自分は接客業が天職だと思っている従業員は、**逆に他の仕事にモチベーションが湧かない**、ということが起きるのだ。

非常に納得できるメカニズムではある。「好きな仕事には前向きになれる」というキラキラした思いは、「好きじゃない仕事は前向きになれない」に簡単に転化する。この2つの命題は「裏の命題」の関係にあって、片方が正しかろうがもう片方が正しいとは限らないのだけど、この2つが同時に成立すると思っている人はあまりにも多い。「仕事を好きにならなきゃ」という真っ直ぐで美しい志向は、**なぜか「好きじゃないと頑張れない」にすり替わって、内発性を信奉する人々自身を苦しめている**。

決して「現実は醜悪なんだよ。夢を見るな」なんて言いたいわけじゃない。ただ、「仕事を好きにならないと」「仕事を楽しめないと」と思うことは、自縄自縛につながる。特に**職場では自分で自分を苦しめるような規範になってしまう**可能性が高いのだ。

ましてや、オトナが無責任に「楽しめる仕事を選ぼう」なんて、とてもじゃないが言うべきことじゃない。そういう観念が浸透してるとしたら、そりゃリアリティショックは起きるわけだ。

もっと言えば、**楽しい仕事なんて、ない**。仕事を楽しめるかどうかは**あなたが楽しみ方**

を知っているかに尽きる。つまり、あなたが**楽しみをクラフトして（再）創造しない限り、仕事に楽しさなんて生まれることはない**。仕事はテーマパークでも、ゲームでもない。あらかじめ用意された楽しみをしゃぶり尽くすようなエンタメではないし、楽しむためのチュートリアルをしてくれる娯楽でもない。

楽しい仕事に就くのじゃなくて、楽しさを見つけるように生きることで、われわれは簡単に消費されない楽しさを享受することができる。教育とは、そのためにあるものだ。楽しさを発見する過程を支えるためのものだ。

新入社員は役に立たない

ここで刺激的な命題を提供しよう。**新入社員は役に立たない**。もし、入社1年目の新人が、「なんだか自分は、会社の役に立っている気がしません。向いてないのでしょうか」と言ってきたとする。筆者ならば「まあ、役に立ってはいないだろうね」と返してあげたい。な、なんてことを言うんだ……でも、それなりの根拠はちゃんとある。そもそも、組織とは、会社とは、**1人抜けたところでうまくいくように作られている**ものだ。**組織の真の力は個人への依存を脱却したところにある**。経営学者・岩尾俊兵の論文タイトル「ありきたりな個人の卓越した組織」は、組織の力を如実に表現している。

例から考えよう。高校に入って、バスケ部に入ることにした。「うちは、1年生から活躍できるよ！」と勧誘されたからだ。1年生からやりがいを感じられて、試合にもバンバン出られる！ いやちょっと待て。たぶんその部活、弱い部活である。部活なら弱くても楽しければいいか、と言えるけど、会社だったら早晩潰れてしまうし、待遇も良くはないだろう。

できたばかりのベンチャー企業ならば、社員が数人しかいない会社ならば、さっそく新入社員に働いて活躍してもらうだろう。まさに即戦力である。もちろん、個人の嗜好としてそういう会社で働きたいというのは構わないし、素晴らしいことだ。でも、**会社としては、新入社員に頼らなくてもうまくやれてる会社の方が安定していて力がある**とは言えるだろう。

つまり、良い会社ほど、新入社員になんか頼らなくてもいいようにできている。だからこそ、役に立たなくていい。やりがいなんかなくていい。言われたことをやってるだけで十分なのだ。

いやいや、大学時代に「社会経験」を積んだ人は別だ、活躍可能だ、と思うかもしれない。正直なところ、関係ない。まず、大学の社会経験と会社での仕事はかなり乖離がある。

ふつうリアリティショックを受ける。もう1つ、もしそういう経験が活きるとしたら、もっと後のはずだからだ。少なくとも大学での経験は、即時に1年目や3年目で活かせるような類のものではない。

若者は、生き急ぎすぎてもいる。本当に余裕がない。入社3年やそこらで「力を発揮できているか」「会社の役に立っているか」「ヨソで通用するか」なんて考えて、不安になっている。誰がそうさせたのか。オトナだ。教育コストを惜しんだオトナが即戦力とか言い出して、だから逆に「すぐ通用するものなのだ」と勘違いしてしまっているのだ。若者もオトナも、ほんとに余裕がなくなっている。

新入社員のコスパカーブ

新入社員は役に立たない。なので、はっきり言えば3年目くらいまでの社員は投資に見合っていない。給料分の働きなど、できていないのだ。よく「若者のために、成果主義を導入して、功績に見合った給料を支払うべきだ」なんて言説が聞かれる。ほんとにそれを実行して一番損するのは新入社員である。3年目までの人間にまともな仕事などできないからだ。

新入社員のコスパカーブ

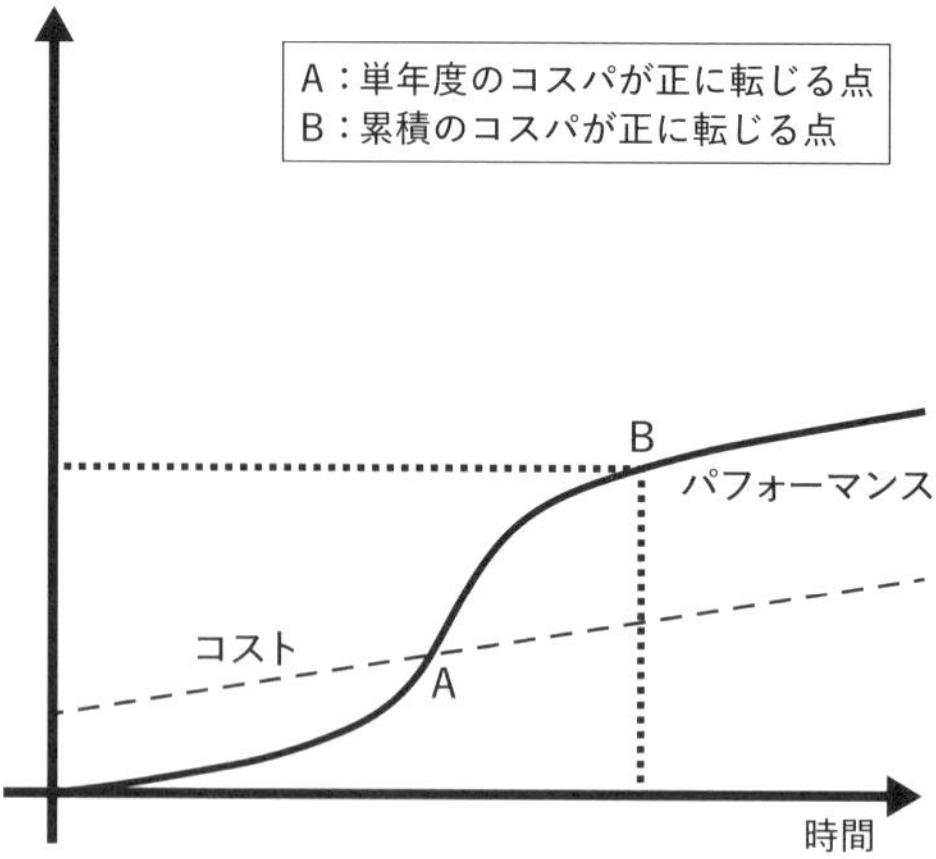

では、新入社員はいつ、投資に見合った働きをできるのだろうか？　正確な調査をしたわけではないものの、何人かの方に意見を乞うと概ね結論は一致した。「10年」である。ある大企業で、最速で昇進したグループに属する方で「6〜7年目」と答えていた。つまり、早い人でもそのくらい、平均で10年くらい、というわけだ。

10年経たないと、会社に対してリターンを提供できていないんだよ、**だからこそ長い目で見て頑張ったらいいじゃないか、って新入社員には言うべきなのだ。**

不安になんかならなくていい。そのうちどうにかなるから、って。

図は「新入社員のコスパカーブ」である（本書唯一の図表）。横軸に時間、縦軸にコストとパフォーマンスをとっている。最初はコストに見合わないけど、パフォーマンスはだんだん上がってきて、大きな傾きを迎える瞬間がある。で、いつしか横ばいに移行はするのだけど、ある時点で待遇に見合った働きができる「損益分岐点」が訪れる。それが、だいたい10年後だという仮説である。

とりあえず管理職、満点人間志向

管理職めざそうぜ

若者は、新入社員は、初職でざっと10年くらいはやってみる絵図を描いてみたらいい。そのくらいはやってみないと「ヨソ通」問題は解けないよ、と思う。3年やそこらで、何もできない状況で不安になるなんて、滑稽なことだ。でもバカバカしいって自分で気付いて笑っちゃえば、不安なんてどこかに去ってしまうこともある。

ただ、若者がそうやって不安を払拭して、未来を見据えられるための条件がある。**会社において偉くなりたい、昇進したい、という希望を持てるようにする**ことである。若者が離職するかもしれないと不安になったとき、会社としてやるべきことは不安を取り除くことではない。**不安の中でいずれ希望を掴めるはずだ、と思わせることができるかどうか**である。

少なくとも現行の多くの日本企業では、昇進をしないと待遇は大きく改善しない。逆に言えば、昇進は現状を変える大きなチャンスである。もちろんすべての人が昇進できるわけではない。この会社では行き詰まってしまったかな、そう思ったときに初めて転職を意識しても決して遅くはないだろう。しかし、若者が管理職をめざさない、めざしたくないと思う理由も、残念ながらある。それは若者とも無関係ではない理由だ。

とりあえず管理職のせい

以下は、とある大企業の管理職の方の言である。

「この前、新入社員と重役の対話会があって。その後重役に呼び出されて、何かと思ったら『新入社員は自分のスキルがきちんと伸びているのか、やるべきことができているのか、**不安に思っている。**それを払拭するような、育成の目安や基準は人事から公表されてないのか？』との仰せでした」

おお、まごうことなき「不安」だ。要は、若者が不安に思っているから、あなたどうにかしておいて、というふうに**仕事が中間管理職に降りてくる**のだ。偉そうに言うなら、これは不安の本質を理解していない物言いだ。不安に根拠などない。可視化・定量化して指標を与えたところで、不安は別の種から簡単に育つ。

根拠もなく無限に増殖する不安を、1つ1つ潰そうとしてかかり、そしてそれは管理職が担う。これがまごうことなきイマドキの会社の構図であろう。結果的に、**管理職は過重労働に晒される。**賽の河原で石を積むような戦いである。

以下は、とある大手新聞に載った記事である。表題には、おどろおどろしい言葉が並ぶ。

「心を壊す職場、全廃作戦」
「気むずかしい表情の上司は存在がストレス」

中身も、なかなか鮮烈だ。

「働く人の心が崩壊する最大の要因は、上司の言葉、行動です」

「いつもニコニコしていてください」

この世には、働く人の心を壊す職場があまた存在する。それらを殲滅する。諸悪の根源は、怒った顔の上司。上司の表情で不安になり心を病む人のために、ストレスの根源である上司の表情を監視し、管理する。そういうビジネスを立ち上げたベンチャー企業の社長のインタビュー記事だった。

ちょっと眩暈がする。上司に起因した職場トラブルがあることはたしかだ。でも、上司が諸悪の根源であるわけもない。まるでインフルエンサー（アンチ）がアンチ（インフルエンサー）には何をしてもいいと思っているような攻撃性。上司が凶悪犯罪者であるかのような扱いではなかろうか。**上司の表情まで管理する社会がマトモなのか**。

歴史学者・與那覇潤は、こうした様相を「社会のデオドラント化」と表現する。巧い表現だ。クサいから除菌する。汚物は消毒だ！　滅菌せよ！　というわけだ。

でも、現実的に菌が消えることなどない。得られるのは刹那的な「消えた感」だけだ。

ある方はＳＮＳで嘆く。「職場の問題の震源地を〝心〟に置いて、上司の〝心がけ〟を厳しく問うていく。終わりなきビジネス」。若手社員に対しては不快と不安の源を排除すべく、病気の乳児に接するような丁重さ。実働と責任はすべて管理職へ。とりあえず管理職へ。ほんとに上司が問題なのか、上司を管理すれば職場の問題が消えるのかはおいておこう。

１つだけ確実なのは、**こんな社会で若者が管理職になりたがるわけがない**。

「あなたのために上司の表情を管理しました」と笑顔のコンサルタント。聡い若者は、除菌されてほっとして、そして気付く。いずれ自分も除菌されるのかな、と。

満点人間志向

にしても、若者にはとことん甘い一方で、上司・管理職やオジサンなどには攻撃性を隠さない言説も目立ってきた。言うなれば強者の弱者化だろう。社会のマジョリティで権力者で、だから甘い汁を吸ってきた、そういう人々を糾弾せよ、と号令がかかる（時代の力！）。でもホントにそうだとしても、実際得してきた人たちはもう定年で逃げ切ってるから、これからオジサンになる人（たとえばゆとり世代）だけが損をすることになる。

Ｚ世代化する社会では、若者も上司も**デオドラントな完璧を求められすぎている**。

「SNSには美男美女しかいない」とよく言われる。常に見た目を監視され、イケてないといけないけどイタくはないように。はしゃぎすぎてもいけないけど、ノリは悪くないように。上司も、怖い顔をしちゃいけないけど、馴れ馴れしく干渉しすぎないように。必要なときは声かけてほしいけど、要らないときに絡まないように。怒っちゃダメだけど、成長を促すように時々叱って。やりがいのある仕事を任せてほしいけど、負担にはならないように……。

なんかもう、他人に求めすぎだ。自分が損しないように、不快に不安にならないように、その種が他人から一切排除されていることを求める。だから、人間は満点じゃないといけない。自分の利益のために他人の不快・不安の種を追及し、満点を求める発想。これを**満点人間志向**と呼ぼう。Z世代化する社会がはらむ大きな病理だ。

満点人間志向は、日本ではあまり指摘されていない傾向に思える。しかしお隣の韓国では「六角形シンドロームの罠」みたいな表現で、社会問題として扱われているらしい（まったく余談だが、韓国はZ世代に大人気だ）。六角形シンドロームは、人間の能力図を表す図が六角形で表現されていることが多いのが語源である。コーンフレークの箱の裏に描いてあるやつみたいに、どの指標も満点で満ち満ちていることを人間に求める。でもそんなの、どだい無理な話なのである。社会的完璧主義は、日本でも省察されるべきであろう。

Z世代化への「解」

Z世代に巣食う病理。実はそれはわれわれ全員が共有する社会の病理でもあり、免疫の低い若者に、先に感染しただけの病だった。病気が移らないように隔離したり、病人だから無下に扱えない、とか腫れ物に触るように振る舞っていたら、オジサンもオバサンもみんな、同じ病に罹ってしまう。それが現代という社会、Z世代化する社会なのだ。

避けうる方法は、つける薬はあるのだろうか。たぶん、特効薬などない（少なくとも筆者は思いついていない）。特効薬があるなんて言ってる人は、それがビジネスになるから言っているだけだ。

でも、どうやら特効薬はないのだけど、こうすればいいかもしれないというアイデアをささやかながら挙げておこう。まとめるなら、「理由を探してはいけない」「欠落を自覚しよう」「統合性を大事に」「したたかに、余裕を持って」みたいな話になるだろうか。ほんとに並べただけだけど、ないよりマシだろう。

理由を探すな、信頼に根拠はない

現代人は、とにかく理由が好きだ。まっとうな理由をいつも探している。大学で部活をしていたとき、頑張らない理由、努力しない理由、試合に勝てない理由にいくつも遭遇してきた。「就活が」「単位が」「実はケガをしていた（終わってから言う）」「そもそも部活なんて頑張るものじゃない」……。ケチのつかない、「仕方ないね」って言ってもらえる理由を、現代人はひたすら探している。

そんなオトナを見て、Z世代も理由を探している。レポートの期限が過ぎた頃、まっとうな理由を添えたメールが学生さんからたくさん来る。ああ、それは仕方ないよね。偶然の不幸が起きるもんだね、と思うような理由ばかりだ。

しかし、言い訳のつく妥当な理由が見つかっても、いくら筆者が言い返せなくても、レポート期限に間に合わなかった事実は何も変わっていない（ある学生さんは述べた。「言葉を選ばないなら、理詰めする時間があるならレポートの1文字でも書けるだろうにな、とも思います」。ド正論だ）。

理由を優先して理由バトルをしたところで、唯言の沼にはまっていくことは自明である。

不安に根拠は要らず、信頼にも根拠はない。自分を信頼することにも根拠なんて要らない。**根拠のない自信を持って生きりゃいいのだ**。あなたがヨソで通用すると自分で思い込むことに、理由は要らない。問題の所在は、そうやって自分を信頼して、仕事に邁進できるかどうかにある。

そしてできれば、上司も信頼してみてほしい。理由とか後付けでいいから、不安にならずに自分を、周りを、信頼してみたらいい。

脱・満点人間志向

満点人間であることを、自分にも他人にも求めてはいけない。特に、不快と不安の種を、ダメなところを順番に潰すようなやり口は、疲弊を生むだけである。終わりのないビジネスの連鎖に巻き込まれるだけである。

ある日、テレビを視ていた。バラエティ色の強い報道番組。女子アナウンサーが、最後の一言、みたいなシーンでこう述べた。「私も昨日、推しのポスターを見て癒やされてました〜」。テレビタレントやアナウンサーまで推し、推し。なんだかなあ、と違和感が残る。

あなた、推される方じゃないですか。

アナウンサーになるような人なんて、一般人よりいろんな意味で特別である。それが、親しみやすさを演出するために、特別じゃない、フツーなところをアピールする。ポンコツキャラ、もテレビで安定した人気を得ている。欠点がある人に親しみを覚える。完璧に見えるテレビタレントに欠点があることに安心する。**人間が満点でいられないことくらい、みんなわかっている。**

芸能人は不完全さを、一般人は完璧を求められる、いびつな社会。少なくとも、他人に満点を求めることは、もう止めなきゃならない。

筆者の知人の研究者は、なかなかスゴイことを言っていた。「**健康であることに理由はない**」と。病気には何らかの原因があるはずで、それを追究して治療法を編み出すのは、現代の医科学が得意とするところだ。頭が痛いとかだるさが取れないとか、不健康の種は医学でなんとかなるかもしれない。原因がそこにあるからだ。

ところが、健康であることには理由がない。少なくとも、たった1つの、それさえクリアすれば健康になるという理由がない。理由がないのだから、源泉を探して血眼になる必要もない。**健康であれば満足したらよくて、不安になる必要なんてない**。

病気の種を1つ1つ徹底的につぶしても、健康でいられるとは限らない。裏腹に、健康であるときは別に理由がない。理由がないからかえって不安になる、ということすら起きているかもしれない。健康なのに不安になっている人が多いのが、Z世代化する社会なのである。

われわれは頭が悪い

以下はPIAACという成人用の知能テストにて（2011～12年調査）、得られた結果だそうだ。

『小学校5年生程度』のスキルとされる『読解力』の問題について、日本の成人の正答率は72・3％である。つまり、**約3割の人は小学校5年生程度の文章読解ができない**」

「『レベル4』の問題例は、『150文字程度の本の概要を読み、質問に当てはまる本を選ぶ』である。これについて日本人の8割近くが不正解である。つまり140文字のツイッターにたとえると、**ツイッターユーザーの大半が投稿の内容を正しく理解できていない**」

「ITスキル『レベル3』は『メールを読み会議室の予約処理をする』である。これをクリアできた日本人は8・3％で、つまり**メールを読んで電子予約のタスクが完遂できる人は1割もいない**」

この結果だけ見ると、ああやっぱり日本って終わってるね、と言いたくなる。しかし、ちなみに、日本は先進国内で同テストのスコアが1位だったそうだ。**日本の知的レベルは高い方で、他国はもっと酷い**。

この結果を見たとき、なんか納得してしまった。ああ、われわれは、頭が悪いんだ。そして、われわれの世界はもしかしたら、われわれがすんごいアホであるにもかかわらず、すんごい賢い人間であるかのように作られてるんじゃないか。

「ファスト教養」的なものへの批判は少なくない。筆者も肯定的ではない。1つの理由は、**ほんとにファスト教養みたいな学び方で賢くなれるほどわれわれは賢いの？　って思う**からだ。動画を2倍速で視る若者。あまりの常識からの距離に戸惑い批判するオトナ。若者はコスパだのタイパだの言うわけですけど、いやいやそもそもどの程度のパフォーマンスを期待してんねん、という話で。授業動画を2倍速で視たところで、アホなわれわれはなあんにも理解できちゃいねえのでねえか？　って疑ってみてほしいのだ。

10を投じて5を得るのが惜しくて、1を投じて5を得ようとするのが、コスパ・タイパ志向。しかし現実には、0・01を投じて0・002くらいしか得られてないんちゃうの、と思う。だって**われわれは、想像をはるかに超えるほど頭が悪い**のだもの。

われわれ——簡単化のために、平均的な成人の日本人——は、頭が悪いのです。たとえば、目の前の人が話していることの意味とか意図なんて、ほとんど理解していない。ツイッター程度の文章すら、まともに読解できないのだから。こんな程度の知能しかわれわれは持ち合わせていない。

なのに、それにしては、聖徳太子のように聞き洩らさず、コンピュータのような処理能力で、陽キャのごとく完璧なコミュニケーションをこなしているように、自他を仮定してしまってはいないだろうか。

「人間は完璧じゃない」。ほとんどの人は同意するだろう。しかしその同意は安易であり、ほとんどの人が思う以上には完璧に程遠く、もっともっと欠落している。どのくらいかというと、目の前の人が話していることなんてほとんどわかっちゃいないし、書かれているものの意味も、読めちゃいない。

250ページ900円のコスト

「ゆるい職場で辞める若者が急増」というニュースが流れた話をした。筆者は気になって、元ネタとなった書籍を買って読んだ。すると結論として、辞める若者が急増しているというデータはなかった。おそらくは書籍の誤りというより、書籍をニュースに加工する過程での歪曲だと思われる。

ということに、筆者は本を買って読んで、初めて気付いた。250ページで900円の本。たいした額ではないけど、格安とは言えない。Z世代はテーマパーク代8000〜1万円を定期的に支払わないといけないので、本を買うのはもったいないかもしれない（もちろん図書館で借りたっていいんだよ）。

でも、知性を磨くためには、そういうコストを払わないといけない。無料の情報は粗悪品が多く、ビジネスに誘導するだけの情報も多い。知の蓄積はとてもコスパが悪いけど、丹念に粘り強く向かい合ってこそ得られるものだし、今後の社会でより得難いものになっていくだろう。だって、みんなコスパ重視でラクしたがるから。

われわれは頭が悪いんだから、悪いなりの愚直さを以て、賢くなる努力をしないといけない。

統合性をとりもどせ

アメリカのトランプ政権前後、フェイクニュースという言葉が流行った。結論ありき、バッシングありきで誤りを含むニュースを発信する卑怯なメディアはたしかに存在する。と同時に、「フェイクニュース」はまともな報道機関を唯言的に処断できる言葉でもある。SNSを議論に含んでしまうと、もう地獄である（現代の地獄を見たければツイッターに行けばよい）。自説の支持のために情報源を捏造する、事実を歪曲する、そもそも原典を誤読している、など地獄が無限に広がっている。インフルエンサーや論客と言われるような人々も、たいてい酷い。ただただ負けないように論点ずらしや人格攻撃を繰り返すのみで、そこに知性など微塵もない（それって筆者の感想ですけどね）。

SNSのハチャメチャ具合の象徴として、陰謀論を思い浮かべた人もいるかもしれない。陰謀論、といえば（一周回って）現代の象徴でもあって（トランプ政権盛り上がりの契機でもあった）、SNSは陰謀論を展開する投稿と、そしてそれ以上に陰謀論を嘲笑する投稿にあふれている。平均ちょっと上をめざす社会において「安心して見下せる愚」は格好の的であり、旨味にあふれているのだろう。

ところで、不思議なことがある。陰謀論、たとえば「われわれの私生活はひみつの政府機関に監視されており、世のニュースはすべて政府機関に操作されている」という主張は、根本的に立証ができない。つまり**否定ができない**。「科学的」には、むしろ**科学的であるからこそ、そうでない可能性を決して排除できない**のである。

「死後の世界はないと科学的に証明されている」と書かれた文章を読んだことがある。致命的に科学を勘違いしている。科学が可能とするのは、死後の世界が存在しないことの証明ではない。死後の世界が存在するとは**現時点で証明できなかった**、ということのみである（同じやん、と思ったかもしれないけど、かなり違う）。

陰謀論も死後の世界と同様に、その存在を根源的に否定も肯定もできない。陰謀論を笑う人々が、同時に科学を信奉していることがあるのは不思議でもある。

監視される妄想は、いわゆる統合失調症の主たる症状である。この統合失調症という呼称は非常に巧いらしく（かつては精神分裂病などと呼ばれていた）、要は**統合性を失っているる**のである。何をゆうてるのかというと、なぜわれわれの多くが政府機関に監視されていると思わずに、少なくともそれを深刻に不安に思わずに済んでいるのかというと、統合的に考えて「それはない」と思っているからだ。

信頼に根拠はなく、不安にも根拠はない。逆に統合失調症を患うと、そういった「ふつうに信頼する」ことができなくなる。ビジネスに不安を煽られ、自分はクサくないか、遅れてないか、笑われてないか、ヨソで通用しないんじゃないか、と不安にまみれるのは、まさに統合を失調した状態だといえる。われわれは、統合性をもっと大事にしないといけない。根拠のない自信を持たないといけない。

面接で猫を抱く

若者は純粋で、トレンドの影響を受けやすい。本書においても、若者は無垢で、素直で、なんなら愚かなまでに単純にも見えただろう。しかしそれは戯画化された若者である。**若者は、もっとズルくてしたたかでもある。**

コロナ元年たる2020年。人類史上初めて「オンライン面接」が一般化した時代だ。理不尽で混沌とした就活世界が、未曽有のステージに突入することとなった。謎のルールや不安ビジネスがさらに跋扈しかねない状況である。

オンライン面接元年、何が起きたのかをゼミ生が調べてくれた。結果として、一見すると不安に翻弄されたのは企業側だったとすら思えた。学生は、さらっと手を抜いたり、ズルをしていた。**対面の面接じゃできないようなことを、たくさんしていたのだ。**

たとえば、ＰＣの画面にカンペを貼る。不安にならないように、友達に部屋にいてもらう（！）。上半身だけスーツを着る（これは社会人もやってたとか）。猫を抱いて、撫でながら面接を受けたという学生もいた。一番リラックスできる手段を考えたらしい。

若者、創造的じゃないか。コロナ禍の若者を観察していて、改めて気付いたことがある。若者は、若いだけあって適応が本当に早い。コロナ禍では日本社会がどこもかしこも狂乱していて、国民に外食を禁じながらフグやステーキを食べに行く政治家とか、人殺しにならないために成人式を諦めろ、成人式なんていつでもできる、とのたまうお医者さんとか、正常な判断能力を失った人がたくさんいた。社会的地位が高い人とかえらい人さえも、不安に駆られて統合性を失った（えらい人だからこそ、かもしれない）。

そんな中で、若者は割を食いながら、感染の悪者にされながら、実にタフに生き残った。オジサンオバサンが「今更変えられない」とヒイヒイ言う中で、事も無げに新しい環境に適応してみせた。本当に立派だ。

２０２４年、コロナ禍で最も割を食ったZ世代（２０２０年4月入学）の多くが大学を卒業する。最高にタフだった「君たち」に、最大の賛辞を送りたい。

かつてタピオカが流行った頃（余談だが、タピオカはけっこう生き残りましたね。すぐ消えるって言われていた記憶)、女子大で授業をする機会があり、訊いてみた。なんでみんなタピオカ買うの？　と。

当時はインスタ映えという言葉が流行っていて、「若い女性は頭が悪いのでタピオカを買ってインスタに載せるのである」みたいな失礼きわまりない言説がまかり通っていた。

学生の返答が忘れられない。


「流行に乗ってる、乗らされてるなー、ってのはわかってて、でもついついというか。楽しいなら、乗っかってみようかなって」


同じアホなら踊らにゃソンソン、である。**彼女らは、オトナが忘れた人生の楽しみ方を、たしかに熟知しているように思えた**。

社会では、案外ワルい奴の方が生き残ったりもする。不安を利用する卑怯な企業は、したたかに生存している。不安に押し潰されてフリーズしてしまうくらいなら、したたかに生きてくれた方がマシだとも思う。少なくとも、**若者は強靭に生き抜く力をたしかに持っている**。不安からくる介護なんか、要らない程度には。

余裕を持って生きたらいい

ここで、第5章の最後に述べた学生からの相談に筆者がどう答えたのか、載せておこう。

——結論をいえば、焦る必要ないです。興味を持てる仕事なら、楽しくなったり効率的になったり、発見がある、というメリットが増えるとは言えるけど、**「自分のしてる仕事に興味がないなら向いてない、辞めるべき」とは、まったく思わない**です。そんな仕事も人も、世の中にあふれてるし、それでも社会は回ってるわけですし。興味持てるのかな〜、くらいの気持ちで、のらりくらり続けてみたらいいです。

「ありがとうございます。のらりくらり続けてみます。まだ1年目なんだと思って焦らずやってみます。このアドバイスで頑張れそうです。本当にありがとうございます」

——いやほんとに、そのくらいの気持ちでいいですよ。**みんな、ほんとにみんな、適性とか仕事への興味とかやる気に、短期的に結論を出そうとしすぎている。**

「長くやるっていう経験を、大半の学生は社会に出るまで経験しないからこういうことになってしまうのでしょうか?」

――そうですね。それもありますし、「他の部署や会社で通用しない」という魔法の言葉もあって、**「適性がないとやってはいけない」「自分に合った仕事をしないといけない」「楽しめる、好きな仕事でないといけない」というのが、強迫観念としてある**のだと思います。

「いつの間にかその強迫観念にどっぷり浸かってしまっていました。早く気付けてよかったです」

――他人に相談する余裕があってよかったですね。それだけで大丈夫です。

まるで本書に載せるためにでっち上げたようなよくできたエピソードだが、実話である。第5章で「卑怯な企業」の話をした。たしかにどの業界も競争は激しいし、国内市場は縮小しているし、先行きが不確かなのかもしれない。でも、悪いことする企業の少なからずは「有名企業」だし、各種指標を見ても、そうそう経営が悪化しているとも限らない。今の日本企業には何が足りないのか。金か。人か。知恵か。

筆者に言わせれば、「**余裕**」だ。とにかく余裕がない。そういう話を授業でしたところ、はげしく同意してくれた学生さんがいた。就活をしていて思ったらしい。なんでこんなにみんな、余裕がないのだろうと。就活生は焦ってるからもちろんのこと、企業側にも全然余裕がない、と感じたようだった。

たとえば、授業に出たいから面接の日程をずらしてくれませんか？　と頼んでも、企業側は「じゃあ落としますね」と返してくる。とにかく、余裕がない。

もっとみんな、余裕を持って生きたらいい。教育の価値も、そこにあると思う。教育が伝えるべきことは、希望した企業の内定をもらえるテクニックでもないし、隣の友達にコスパよくマウントをとれるライフハックでもない。**内定がなかったとてどうにかなるのだ、という余裕を持つために、知性へのゆるぎない信頼を持つために、教育がある、**と筆者は考えている。

ビジョンを持つより、一手を打て

繰り返し、同じ比喩を用いよう。

ある村で、若者だけに感染する病気が発見された。医者をはじめ大騒ぎになる。オトナはそれを見て、若者がダメだからだ、やっぱり若者はたるんでる、管理者は何をやってるんだ、と叩く。が、しかし、実はこの病気はオトナにも感染するもので、免疫の弱い若者に早く感染しただけなのだった。

Z世代化する社会とは、まさにこういうストーリーである。Z世代の異様さは、われわれの生きる社会そのものの写像なのだ。そういう社会においては、不快や不安を排除しすぎる潔癖症がかえって疾病を呼んでしまう。不安を受容して、足りない知性を磨いて、のらりくらり生きていくしかないのかもしれない。

大海が広がる。その光景は無限に開かれた、明るい未来のようにイメージされてきた。しかし現代のわれわれは、そのあまりの茫洋とした広さを見ても、かえって不安を感じるのみである。

今必要なのは、大海を見渡すことだけではなく、たしかな一歩をとりあえず前に踏み出すことだ。目の前の仕事に没入することだ。海の広さを感じる前に、大海を制する夢を見る前に、水を怖がる子どもを、少しでも一歩先に進ませないといけない。ベイビーステップを、1歩ずつ歩むべきなのだ。

唯言が「上手い」方なら、この本の内容はいかようにも解釈できるはずだ。

「楽しい仕事なんてない、なんて……若者を失望させるようなことを言わないで」

「新入社員は役に立たないなんて、本を売りたくて若者叩きをするのか」
「ビジョンを持つな、未来に希望を持つなって。やっぱり日本は終わっているんだね」

そう読まれることを覚悟で、そういうリスクをとって、発信をしないといけない時代である(イヤな時代だ)。そして同時に、賢明なる読者の皆様が、字面を超えて、唯言のはてに含意を汲みとっていただけることを願うばかりである。

何の根拠もなく生まれ、確固としてわれわれの中に根を張る不安。われわれを翻弄してやまない、唯《ただ》の言葉。ときにビジネスは、それをフル活用してわれわれの生活を侵襲する。不安と唯言は、どうしようもなく若者を、われわれを支配する。

そういった理不尽を超えた先にのみ、われわれのあいだには何かが生まれていくはずなのだ。そう信じて、根拠もなく信じて、日々の仕事に向き合っていこうじゃないですか。

おわりに

本書の最後に、お世話になった方々に感謝の言葉を述べていきたい。言うまでもなく本書は、ここに書ききれない多くの人々の集合的成果として出版がかなったものだ。

まずは、筆者の執拗な聞き取りに応え、様々な意見を投げかけてくれた「Z世代」の皆様。主に授業を通じたZ世代の方々とのコミュニケーションなくして、本書はあらゆる意味で成立しない。中には失礼な行為や問題行動というネガティブな形でコミュニケーションを交わした方もいたにはいたのだけども、その経験もまた本書に昇華されていったのだとしたら、感謝にたえない。

蛇足を承知で、但し書きも添えておきたい。本書はおそらく、並の若者を論じた本よりよほど丁寧な取材を経て書かれている。その自負は強く、本書の中身は決して現実を無視した印象論ではない。でも、筆者は経験上決して若者と「仲良く」ないし、好かれてもいない。むしろ本書は、互いに不信を抱え、揉め続けたあげくにたどり着いた結果の産物である。

筆者を嫌い、憎むZ世代は数多いるはずだ。でも、そうであっても、不信と苦悩から生まれる知も必ずあることを、デオドラント化する社会の中でこそ、筆者は主張したい。雑菌からバイオ創薬できるかもしれない、と根拠もなくあがいた末に何か生まれていれば、望外の喜びである。

また、本書は日本の書籍としては珍しく、「フレンドリー・レビュー」の形式を採用した。つまり、事前に査読者を設け、ピアレビューしてもらうという試みである。むろん品質に瑕疵があればそれはすべて筆者の責任である。ただ、出版前に多くの方に忌憚ないご意見をいただけたことは、内容の向上におおいに寄与した。またフレンドリー・レビューのみならず、内容に関するあれこれの議論やアイデア出しに、多くの方に付き合っていただいた。特に以下の方に、この場を借りて御礼申し上げたい（五十音順）。

内海直弥さん、宇和慶さん、柴田巧さん、清水剛さん、新谷壮司さん、シンハヨンさん、鈴木基文さん、園田薫さん、薗田竜弥さん、立花悠馬さん、田中亮輔さん、勅使川原真衣さん、中島晋吾さん、長地一紘さん、中村彦佑さん、長谷部弘道さん、林芙羽子さん、樋口あゆみさん、廣江聡さん、廣江実さん、堀尾柾人さん、宮崎琢磨さん、山田仁一郎さん、吉田航さん、渡部暢さん。

最後になったが、東洋経済新報社の川村浩毅さん・佐藤敬さんには、貴重な出版の機会を賜り、また筆者の自由をおおいに認めつつ、ときに温かい励ましをいただき、様々にサポートをいただいた。特に川村さんには、筆者の学会発表のすぐ後に出版のオファーをいただけたゆえに、本書の出版が具体化されていった。このような機会をいただけたことに、重々感謝を申し上げたい。ちなみに、川村さんもまた、Z世代である（！）。

本書が多くの方に届き、そして少しでも不安をかき消して、社会の余裕につながっていくことを願ってやまない。

ゆとり世代　舟津昌平

◉事例1：私、陰キャですから

「陰キャ」は、Z世代が多用する概念である。実用日本語表現辞典では、次のように解説されている。

「陰キャ（いんキャ）」は、いわゆる「陰気なキャラクター（陰気な性格の人）」の略。言動や雰囲気が陰気・陰湿・暗い・後ろ向きな人。周りの人の気持ちを暗くさせるような人、コミュニケーション能力のない人、社会性の乏しい人という意味を込めて使われる場合もある。罵り文句として用いられることもあれば、自虐の意味で用いられることもある。

読んでるだけで陰キャになってしまいそうな悲しい解説である。注目すべきは、特に自身に対して用いられる際には謙譲語として作用する点だ。令和の謙譲語であるということは知っておくべきだろう。

かつ、陰キャはスクールカーストと密接につながっている。実用日本語表現辞典曰く、

「陰キャ」の対義語は「陽キャ」。「陽気なキャラの人」の略。

いわゆるスクールカーストの文脈においては、性格が陰気かどうかにかかわらず「スクールカーストの下層に位置する（いわゆるクラスの「イケてない」）人やグループ」を指して「陰キャ」と呼ぶ場合がある。

つまり、その人の性格や特徴に関係なく、スクールカーストの高低によって陽キャ・陰キャが決定されるのである。その逆もしかりで、つまり「陰キャ」と呼びさえすれば相手のカーストを下げられるという、唯言的な性質もはらんでいる。

学級は、いろんな意味でZ世代のバックボーンだ。多数派側に所属して、言葉さえ弄せば、相手の階級をコントロールできる。多くのZ世代は、互いに密に監視し合いながら、「陰キャだけど陰キャじゃないちょっと陰キャ」で、「あわよくば他者からは陽キャと言ってもらえる」こと、イケてるけどイタくないカーストに所属することをめざしている。

ちなみに、陰キャだと自称する方に「ほう、あなたは陰キャなんですね」と言ったら失礼にあたるので、注意しよう。

◉事例2：知っててよかった

現代の大学において、学生とはお客様である。お客様なのだから、サービスにおいて不快なことは極力排除しないといけない。レストランが食べにくい料理を出してきたら、苦情を述べるのがスジである。大学の先生が解きにくい問題を出してきたら、同様に苦情を述べないといけない。

いやいや、解けない問題を解けるようになって、成長するのが学びの場でしょ、と言うのは、あまりに時代遅れであり、令和の価値観に合致していない。そんなことをして、学生が不安になったらどうするんだ。責任を取れるのか。学生のメンタルを壊す教室は全廃だ。気難しい表情の教員は、存在がストレス。そういう輩は、ＰＴＡに陳情して抹殺してもらわないといけない。

学校では、教師と生徒は互いに無関心であることが一番幸福である。教室でも、まったりチルしたらいいじゃないか。

ちなみに、昭和か平成か知らないけど、時代遅れの輩がこうのたまうことがある。「何のために大学行ってるんですか？」。そういうときは困惑しながら、こう答えるのがいいだろう。「別に……親が行けって言ったんで」。

◉事例3：アンチは気にしません

授業中おしゃべりしていたら、教員に告げ口したやつがいた（学校上がりの若者にとって、告げ口は死刑に相当する大罪である）。教員も偉そうに説教を垂れてくる。うわ、アンチじゃねーか。

令和の時代に、他人に対して怒るヤツは可哀想なヤツだ。たぶん何かの病気である。とはいえ、そういうアンチに屈するのも悔しい。言われっぱなしはキャラじゃない、Z倍にして返さないといけない（Z倍返しだ）。不逞の輩には、ちゃんとアンチ−アンチするべきである。なぜなら、推しもそうしていたからだ。

私は最強。一番星の生まれ変わりの陽キャだ。スクールカーストも上位。だから、私は味方が1人でもいてくれたら、アンチが100人いても気にしません笑。

というか、そもそも授業アンケートに答える時間、必要なくない？　意味ある？　私たちは授業を受けに来てるんですよ？　授業料払ってるんだから、授業してもらえませんか？　それって授業妨害じゃないですか？

（ちなみに、本当にアンチが100人いたとしたら、絶対に気にする。というか、正気ではいられないだろう。）

参考文献（書籍と論文のみ記載）

岩尾俊兵（２０２１）「ありきたりな個人の卓越した組織――資源とアイデアの滞留に着目したイノベーション〝それ自体〟のマネジメント試論」『三田商学研究』64巻3号：59～78。

L・ウィトゲンシュタイン（１９７７）『哲学探究』藤本隆志訳。大修館書店。

M・ウェーバー（１９９７）『職業としての学問』尾高邦雄訳。岩波書店。

金間大介（２０２２）『先生、どうか皆の前でほめないで下さい――いい子症候群の若者たち』東洋経済新報社。

小板清文（２０１９）「年齢犯罪曲線から見た非行と犯罪」『徳島文理大学研究紀要』98巻：21～33。

高尾義明（２０２１）『「ジョブ・クラフティング」で始めよう――働きがい改革・自分発！』日本生産性本部 生産性労働情報センター。

高橋勅徳（２０２１）『婚活戦略――商品化する男女と市場の力学』中央経済社。

鳥羽和久（２０２２）『君は君の人生の主役になれ』筑摩書房。

F・ニーチェ（１９９３）『ツァラトゥストラ』吉沢伝三郎訳。筑摩書房。

M・ハイデッガー（１９７７）『存在と時間』細谷貞雄・亀井裕・船橋弘訳。理想社。

M・フーコー（１９７７）『監獄の誕生――監視と処罰』田村俶訳。新潮社。

舟津昌平（２０２１）「不確実性に対応する個人の戦略――オンライン面接を題材として」『京都マネジメント・レビュー』39巻：1～16。

古川久敬（２０１８）「組織行動研究の展望――パラドックスを抱えた組織と個人を意識して」『組織科学』52巻2号：47～58。

古屋星斗（２０２２）『ゆるい職場――若者の不安の知られざる理由』中央公論新社。

Ｊ・ボードリヤール（１９７９）『消費社会の神話と構造』今村仁司・塚原史訳。紀伊國屋書店。

渡部暢（２０２０）「不確定性下における企業内研究の構想形成過程および計画と創発のメカニズム――花王の化粧品研究プロジェクトを題材とした事例研究」『經濟論叢』１９４巻３号：67～84。

Higuchi, A. (2021). “Double symmetry in Niklas Luhmann’s moral communication.” *Kybernetes* 51(5): 1868-1878.

Sekiguchi, T. (2004). “Person-organization fit and person-job fit in employee selection: A review of the literature.” *Osaka Keidai Ronshu* 54(6): 179-196.

以下の方々には格別のご協力をいただきました。この場を借りて御礼申し上げます。

飯田徳馬さん　池上祐資さん　井上輝一さん　今井航平さん　大場梨央さん
丘村里香さん　梶川裕貴さん　加藤順孝さん　川口　隼さん　川崎　翼さん
木野村晃一さん　小泉　成さん　厚東　彩さん　佐々木晴香さん　佐藤大晟さん
嶌田冴雄さん　杉浦正吾さん　杉崎　出さん　関　愛佳さん　高橋利英さん
田中美咲さん　塚本侑聖さん　出来田七海さん　中井ひなのさん　中谷遥香さん
名久井彩伽さん　濵﨑葉那さん　林芙羽子さん　平石結芽さん　廣瀬碧泉さん
福田康騎さん　前田愛梨さん　水谷優斗さん　溝川元暉さん　宮田昇暉さん
宮原花帆さん　山口由莉さん　山本　翼さん

「あいだ研」の皆様
京都産業大学経営学部舟津ゼミの皆様
東京大学経済学部「経営管理Ⅰ・Ⅱ」を教室で受けた皆様
「吉岡恵麻先生ＦＣ」の皆様

（五十音順）

【著者紹介】
舟津昌平（ふなつ　しょうへい）
東京大学大学院経済学研究科講師。
1989年奈良県生まれ。2012年京都大学法学部卒業、14年京都大学大学院経営管理教育部修了、19年京都大学大学院経済学研究科博士後期課程修了、博士(経済学)。京都大学大学院経済学研究科特定助教、京都産業大学経営学部准教授などを経て、23年10月より現職。著書に『制度複雑性のマネジメント』(白桃書房、2023年度日本ベンチャー学会清成忠男賞書籍部門受賞)、『組織変革論』(中央経済社)などがある。

Z世代化する社会
お客様になっていく若者たち

2024年4月30日　第1刷発行
2024年8月23日　第4刷発行

著　者——舟津昌平
発行者——田北浩章
発行所——東洋経済新報社
〒103-8345　東京都中央区日本橋本石町 1-2-1
電話＝東洋経済コールセンター　03(6386)1040
https://toyokeizai.net/

装　丁…………小口翔平＋畑中茜(tobufune)
D T P…………キャップス
印刷・製本……丸井工文社
編集担当………川村浩毅

ISBN 978-4-492-22417-5